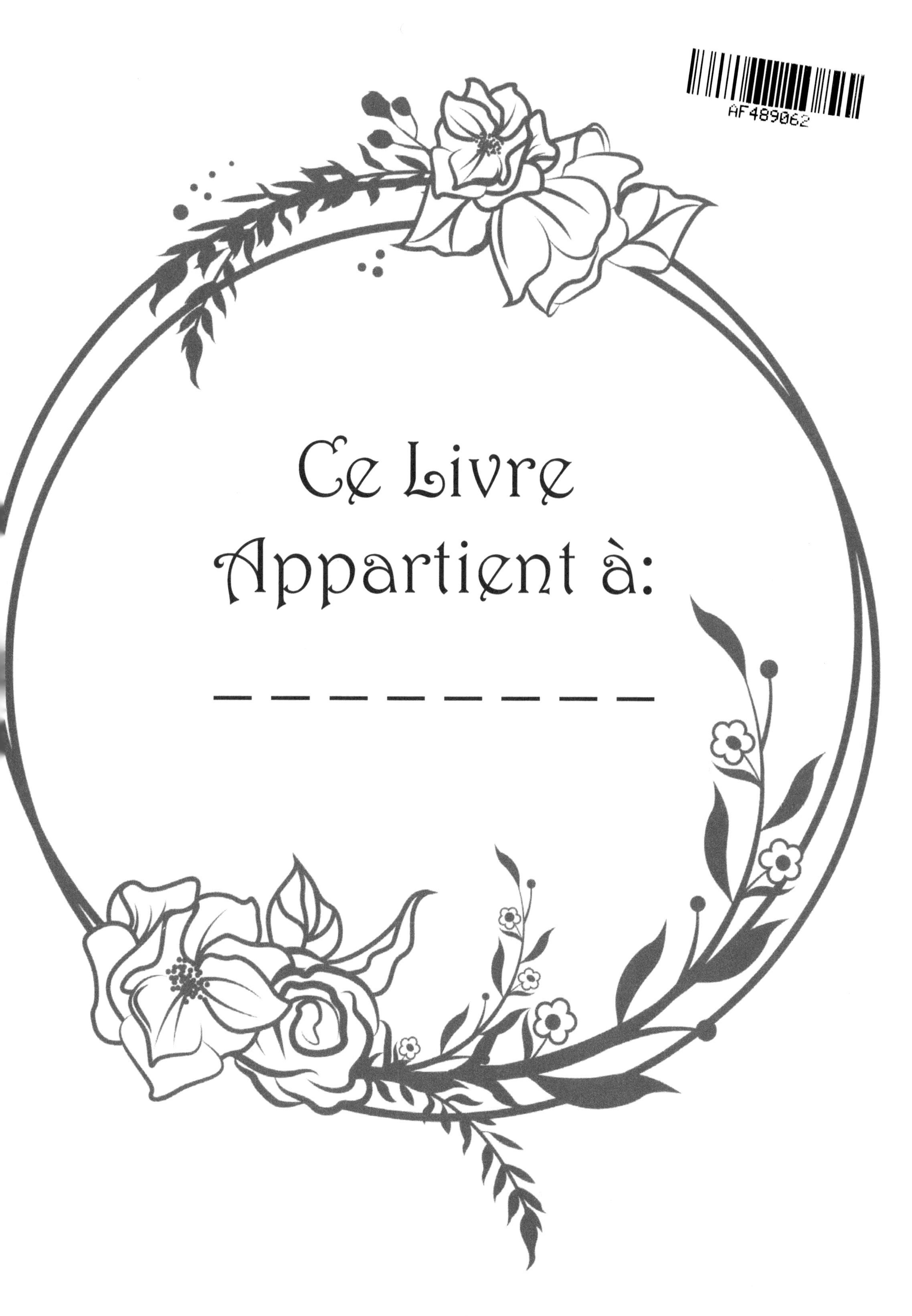
Ce Livre
Appartient à:

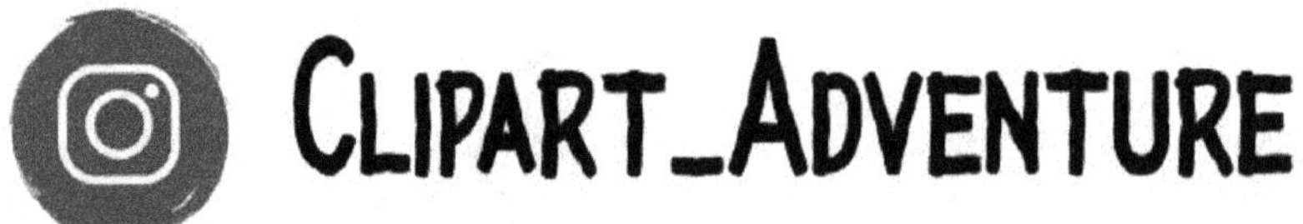

Clipart_Adventure

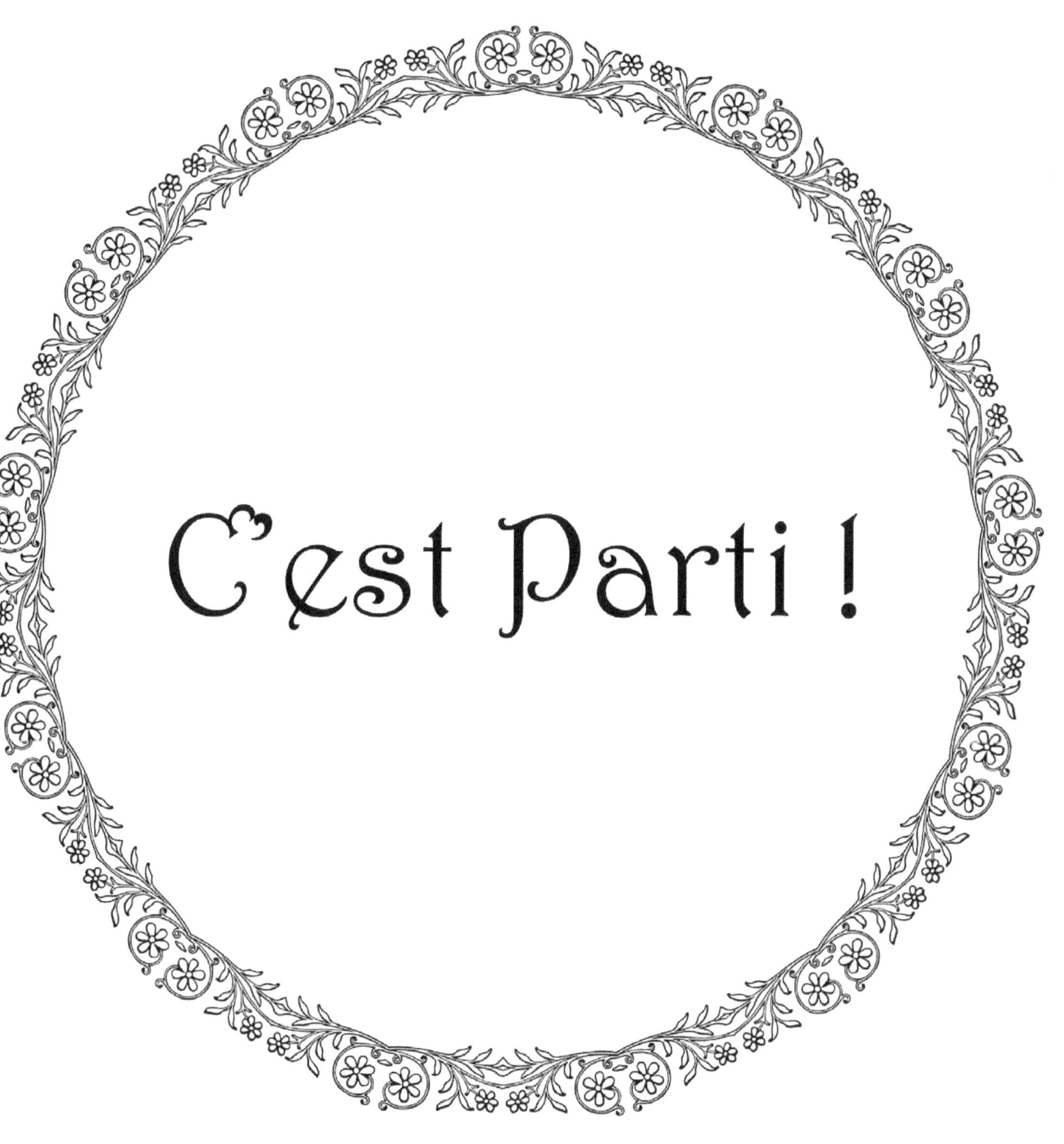
C'est Parti !

Apprendre Par Étape

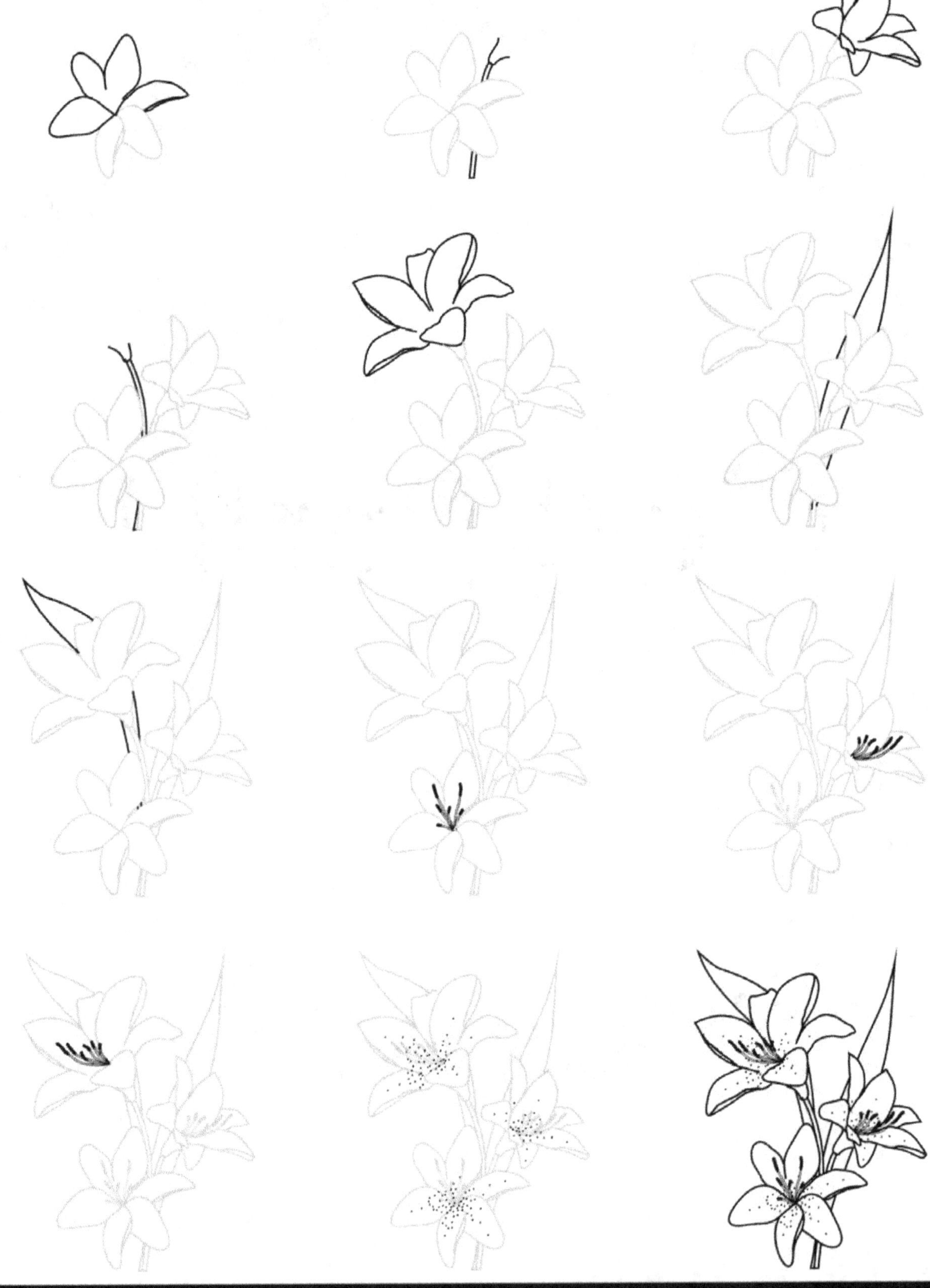

C'est à Votre Tour

Apprendre Par Étape

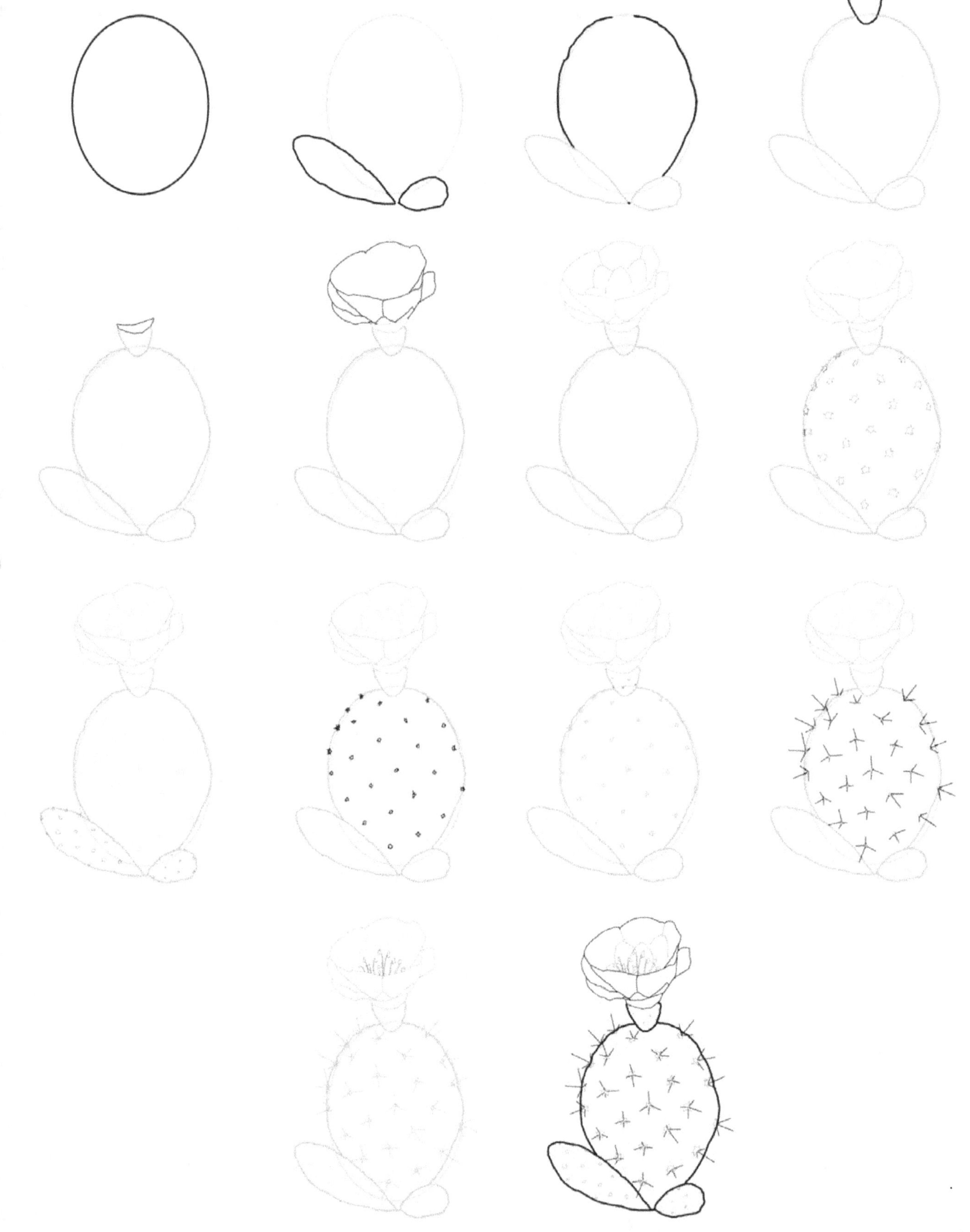

C'est à Votre Tour

Apprendre Par Étape

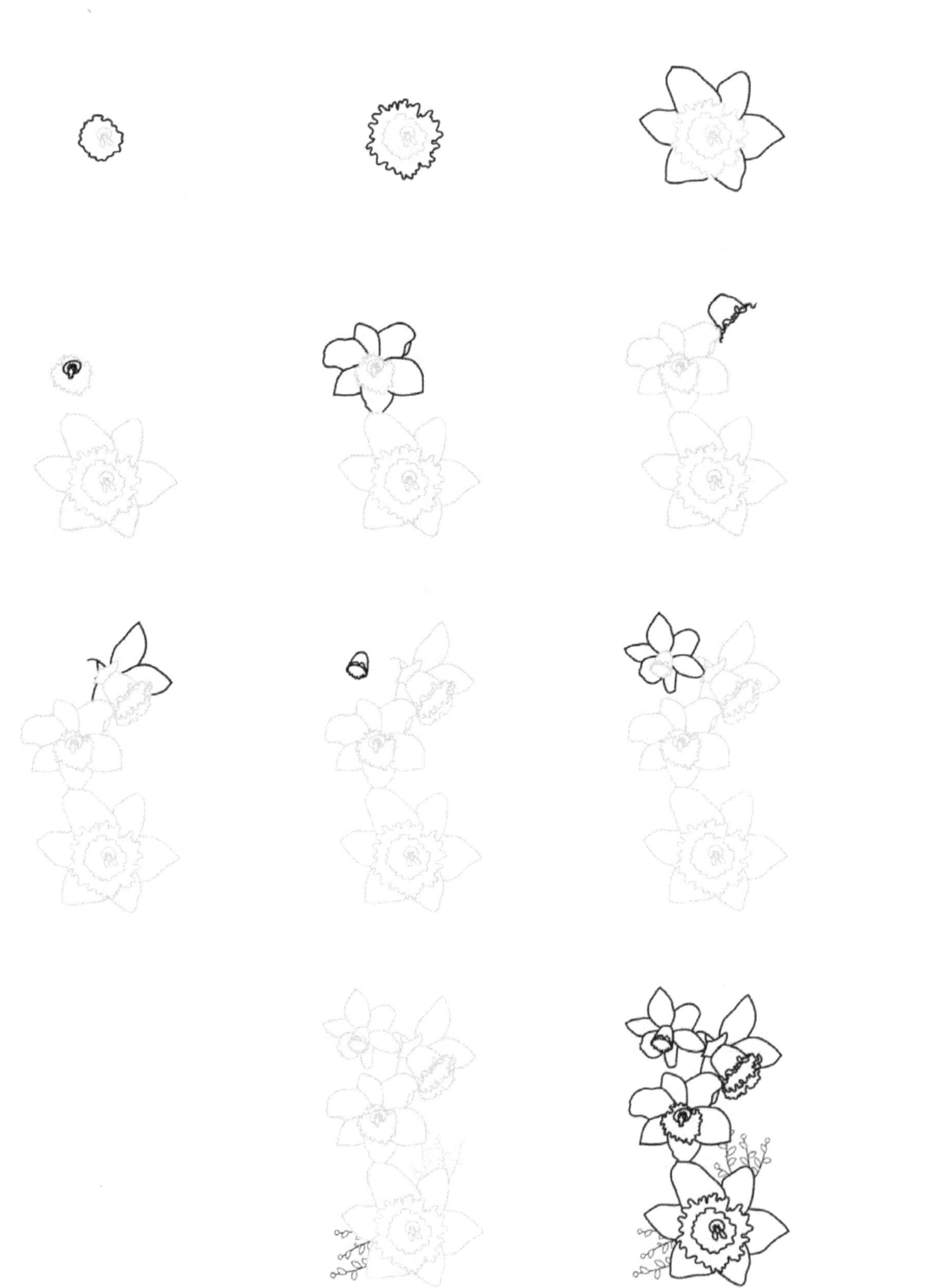

C'est à Votre Tour

C'est à Votre Tour

Apprendre Par Étape

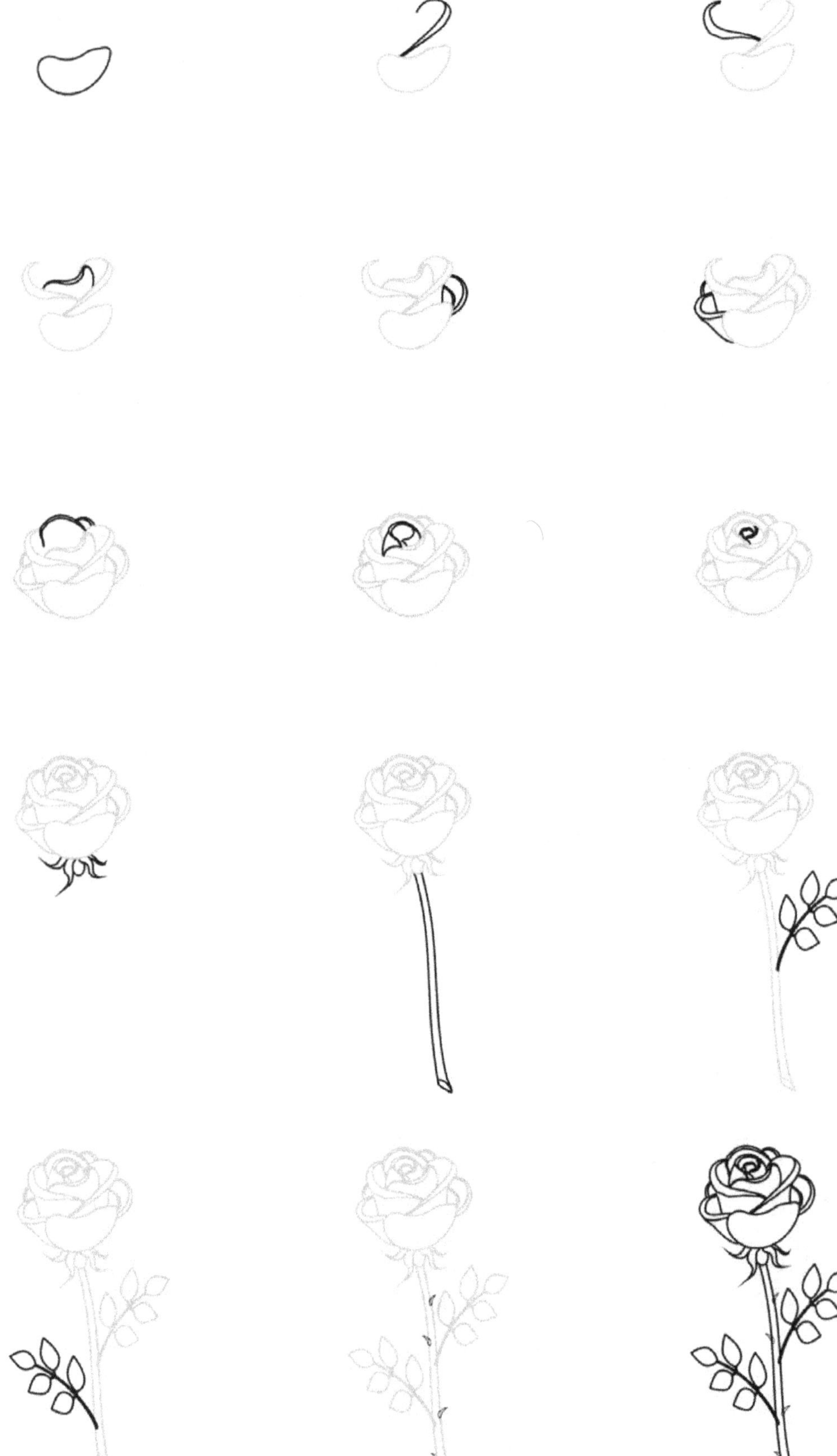

C'est à Votre Tour

Apprendre Par Étape

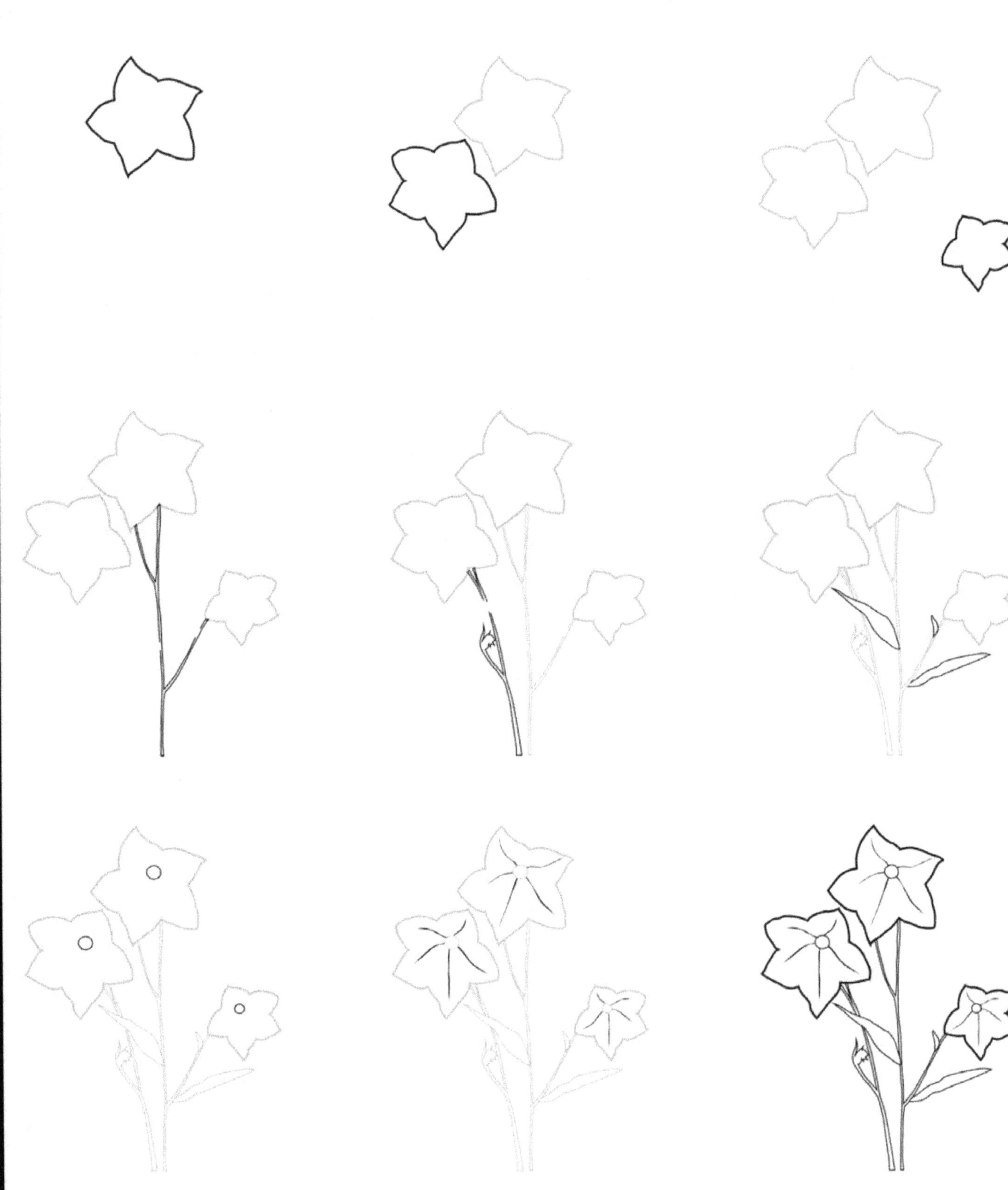

C'est à Votre Tour

Apprendre Par Étape

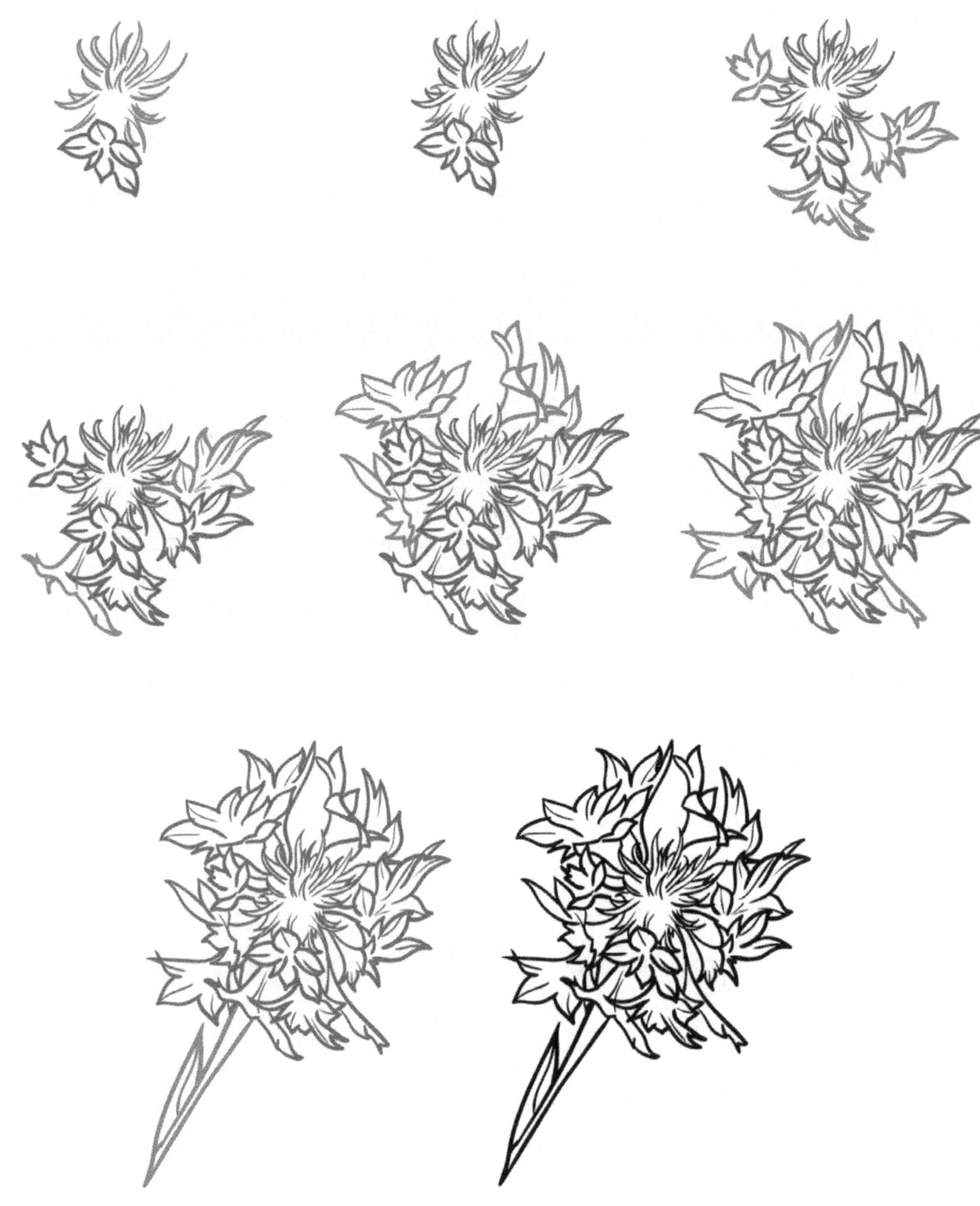

C'est à Votre Tour

C'est à Votre Tour

Apprendre Par Étape

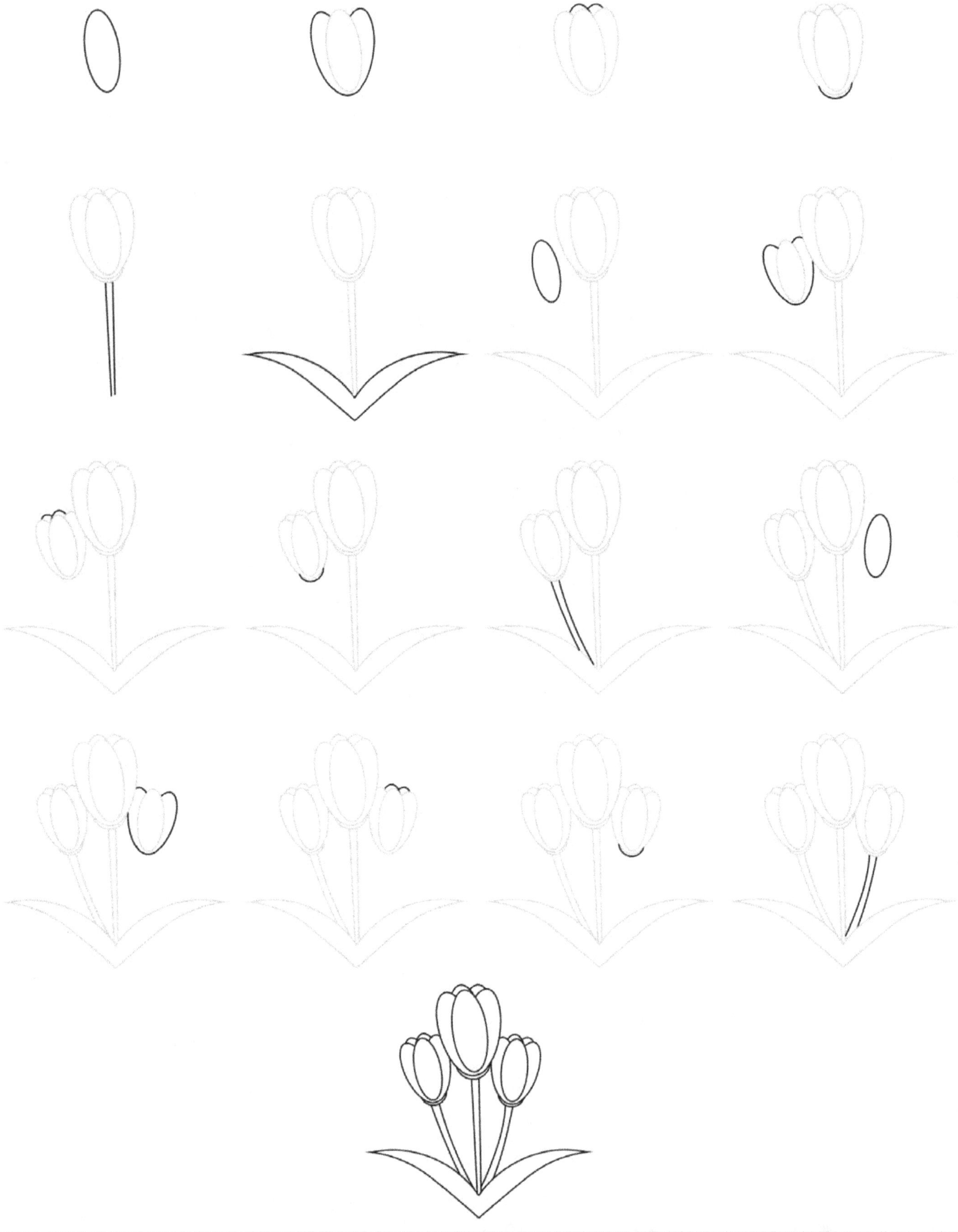

C'est à Votre Tour

Apprendre Par Étape

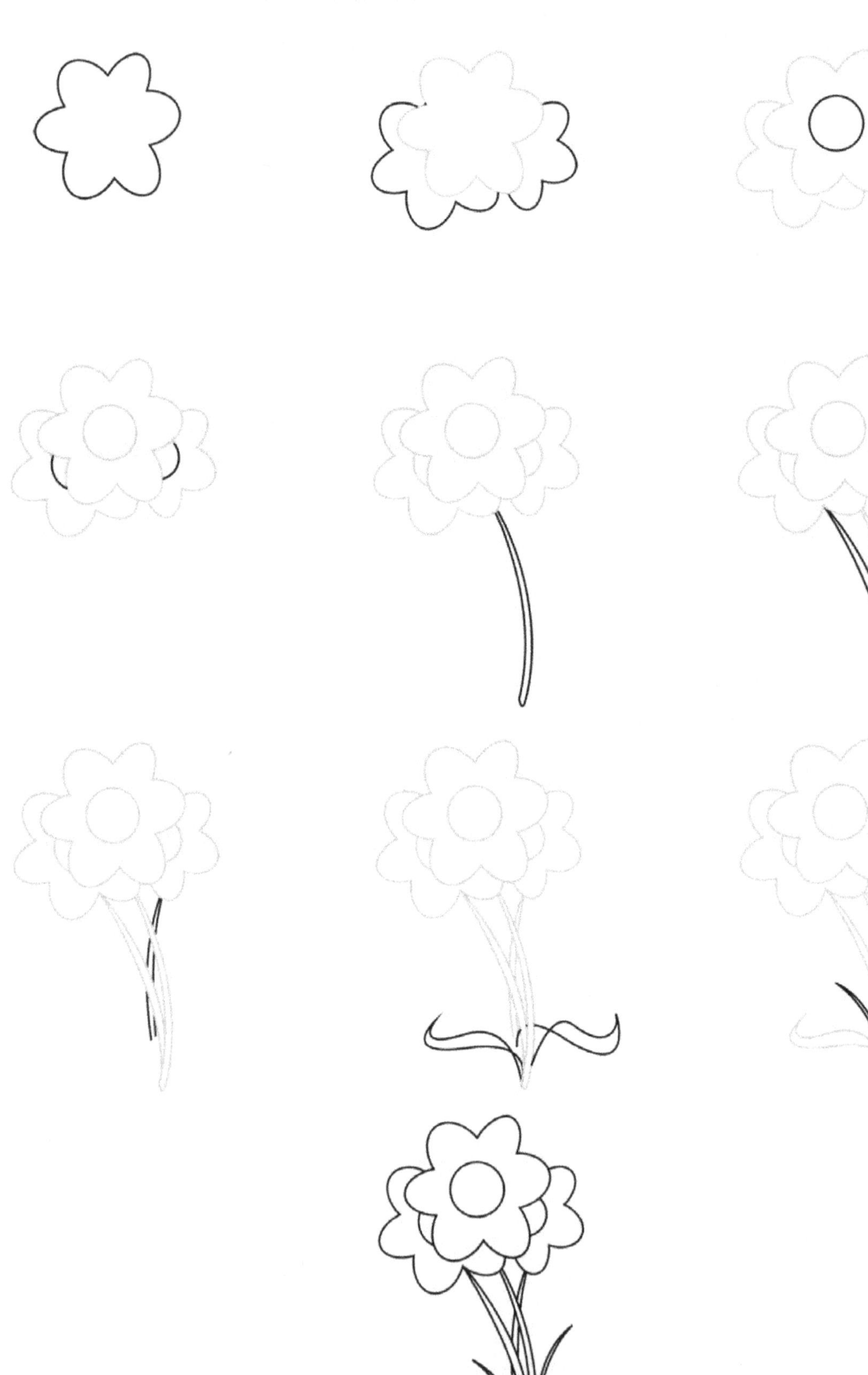

C'est à Votre Tour

C'est à Votre Tour

Apprendre Par Étape

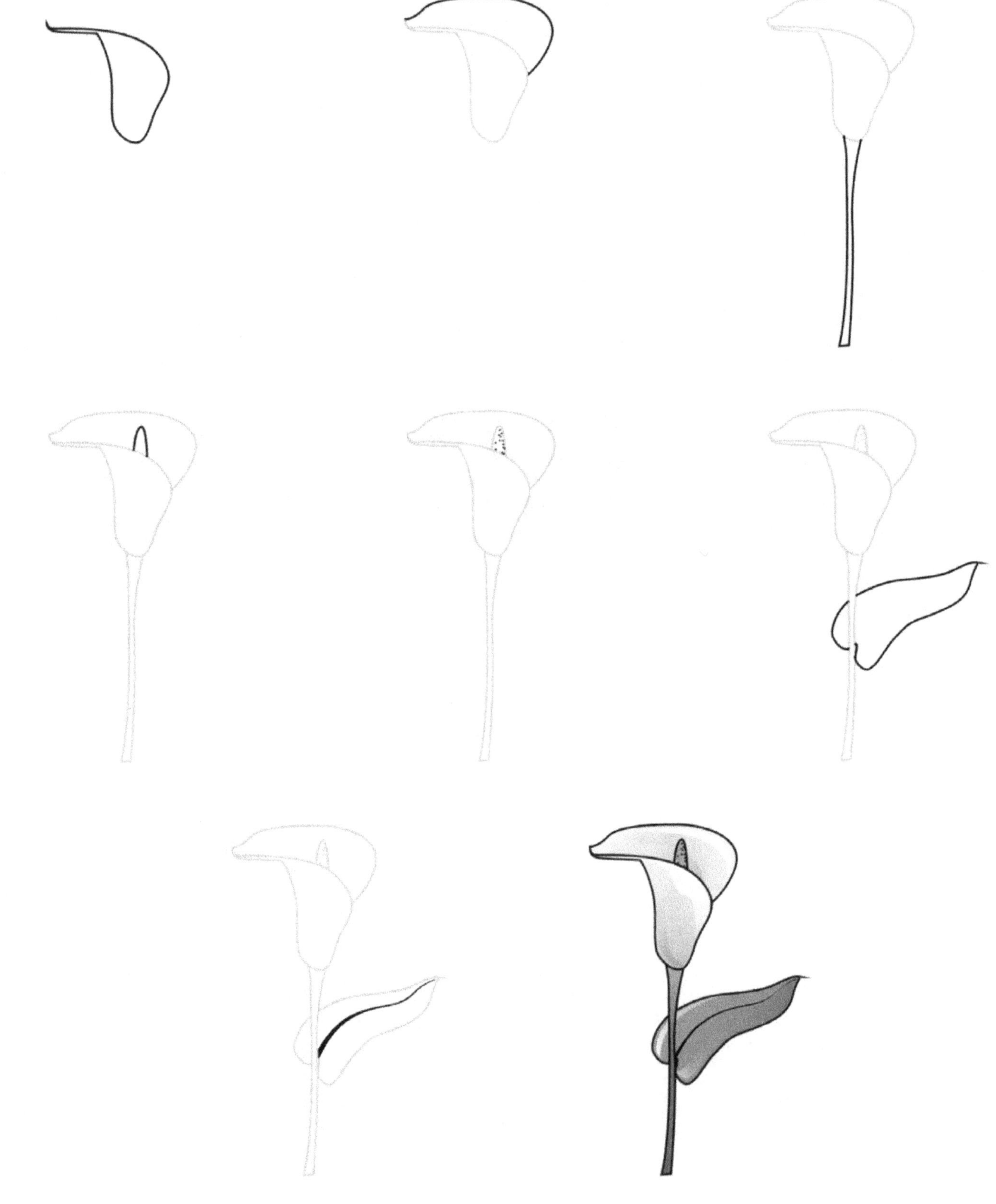

C'est à Votre Tour

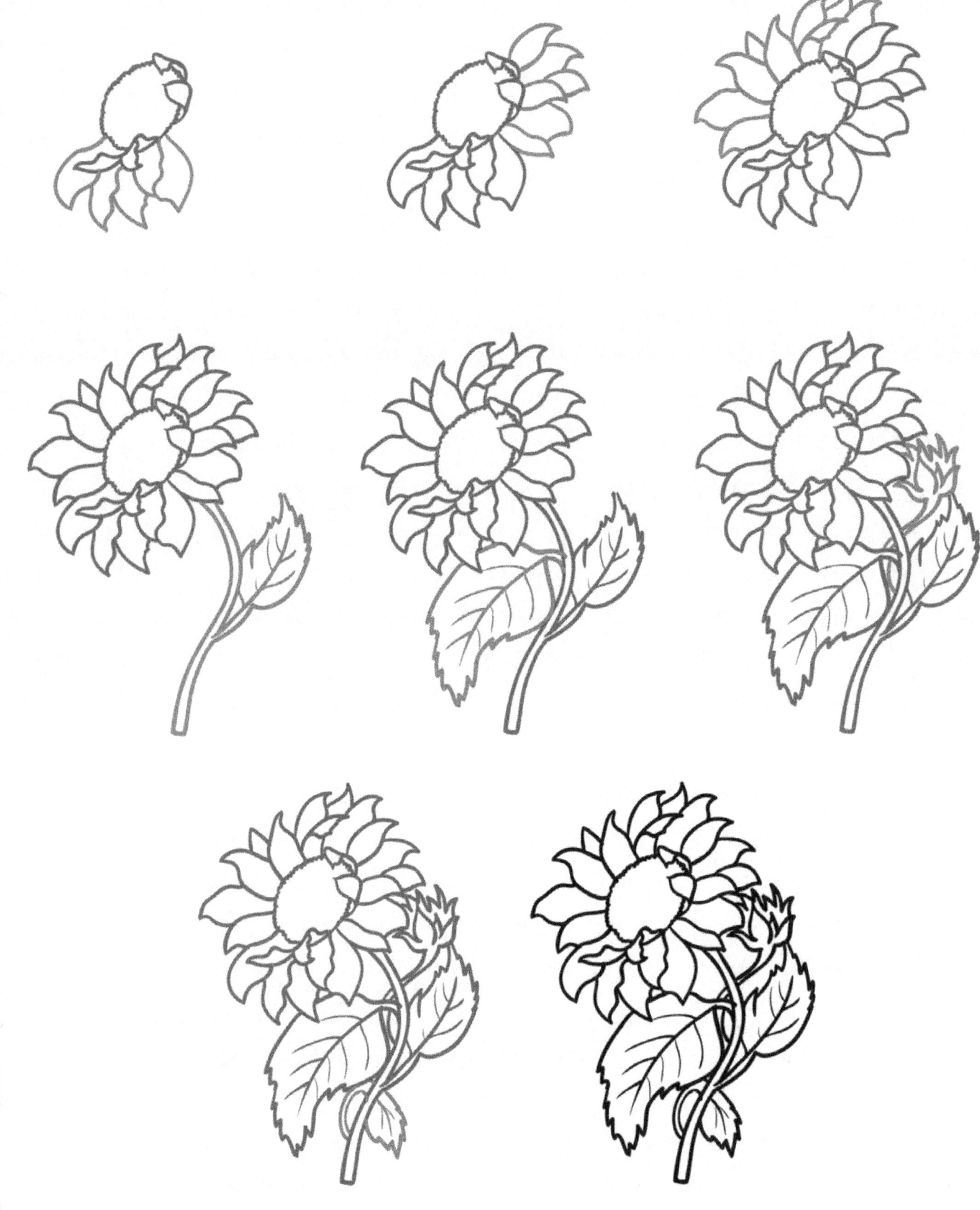

C'est à Votre Tour

Apprendre Par Etape

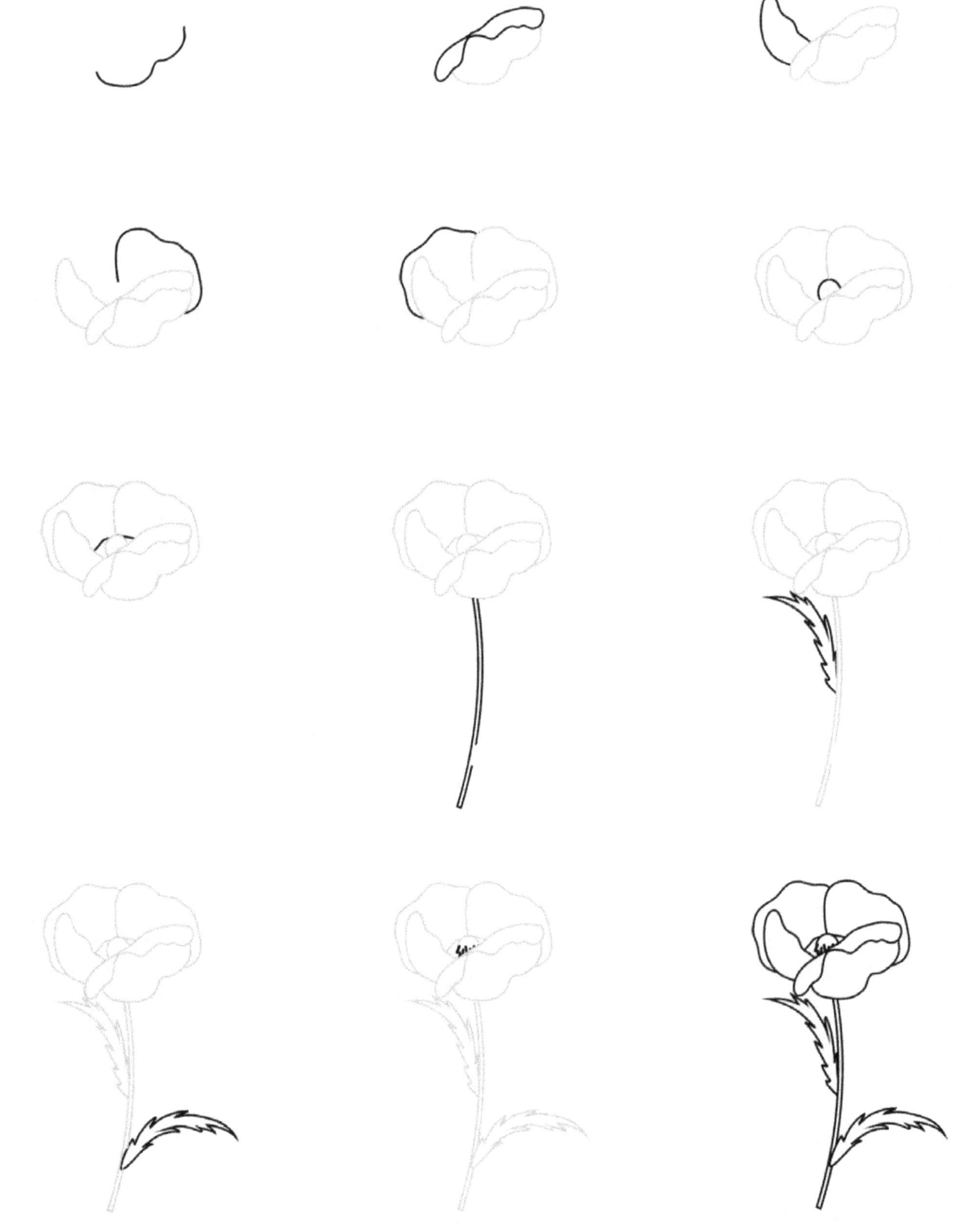

C'est à Votre Tour

Apprendre Par Étape

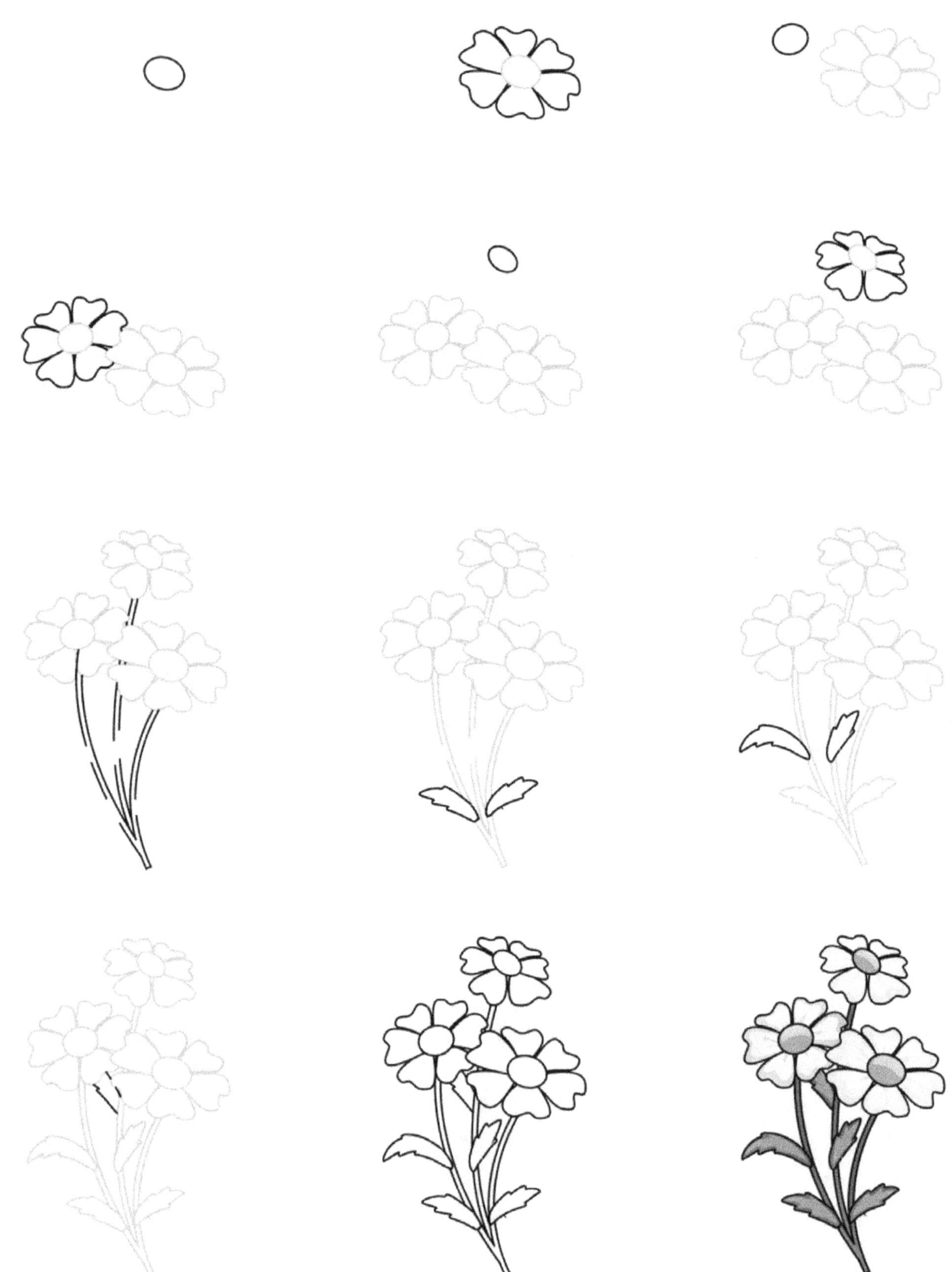

C'est à Votre Tour

Apprendre Par Étape

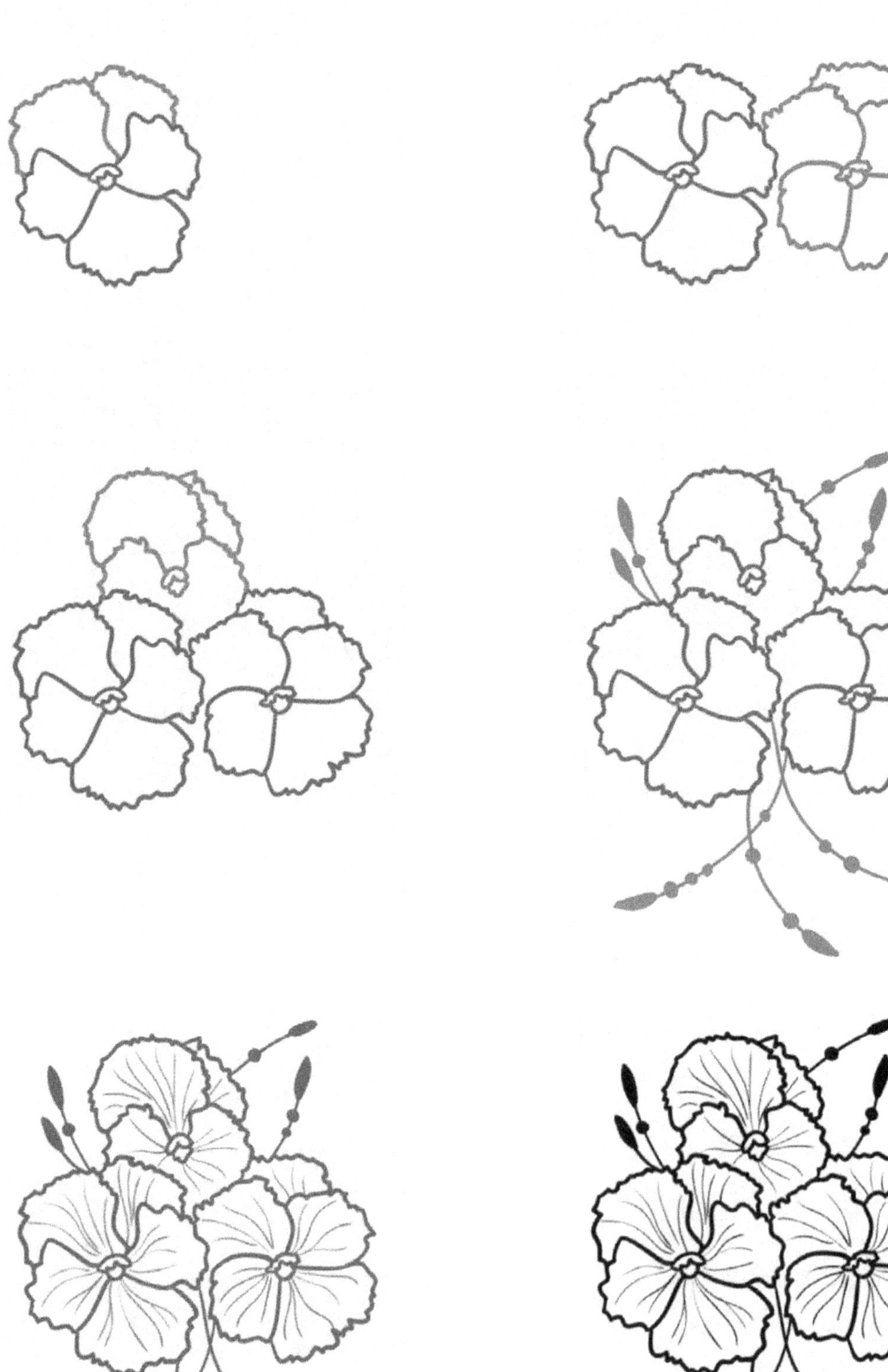

C'est à Votre Tour

Apprendre Par Étape

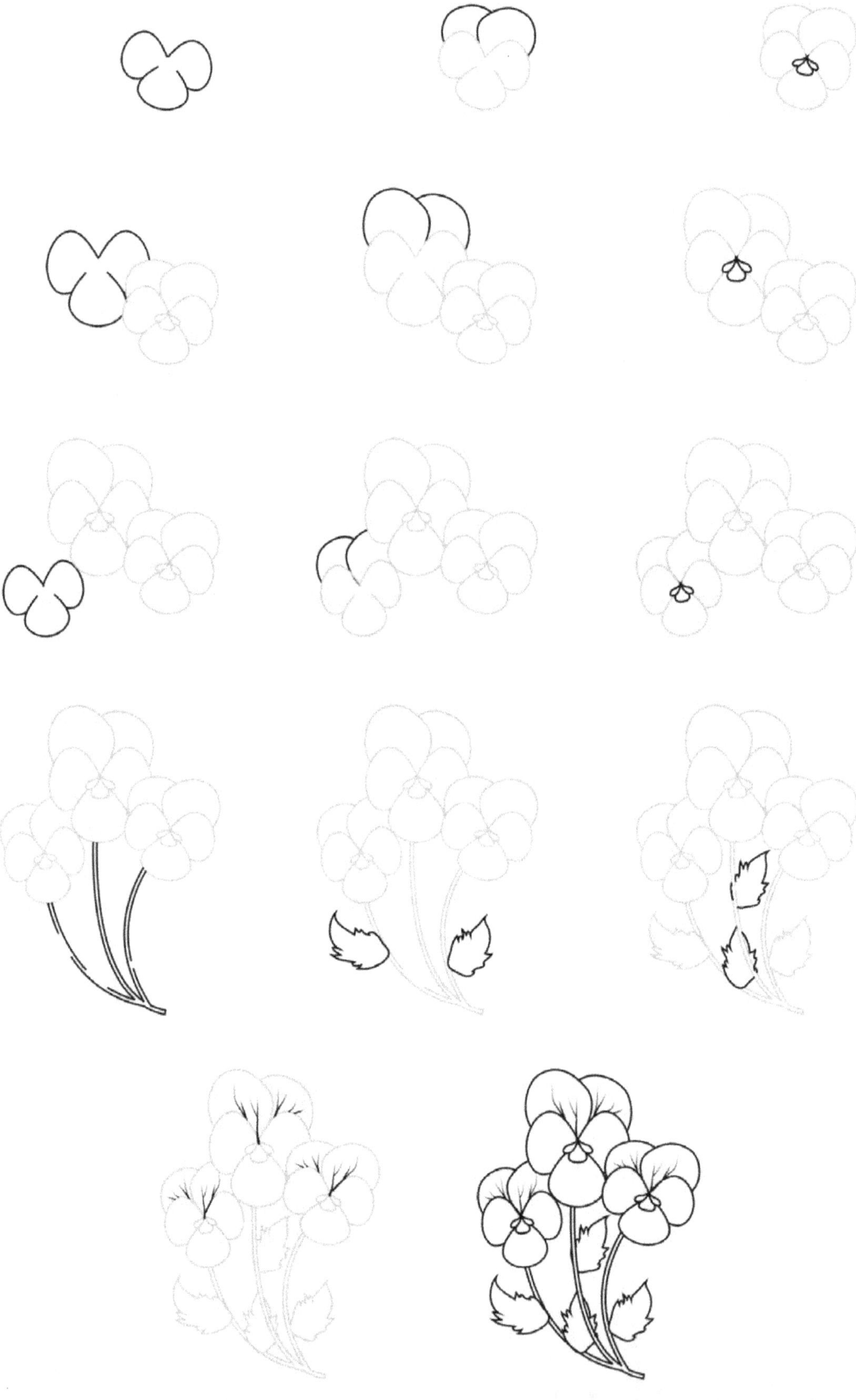

C'est à Votre Tour

C'est à Votre Tour

Apprendre Par Étape

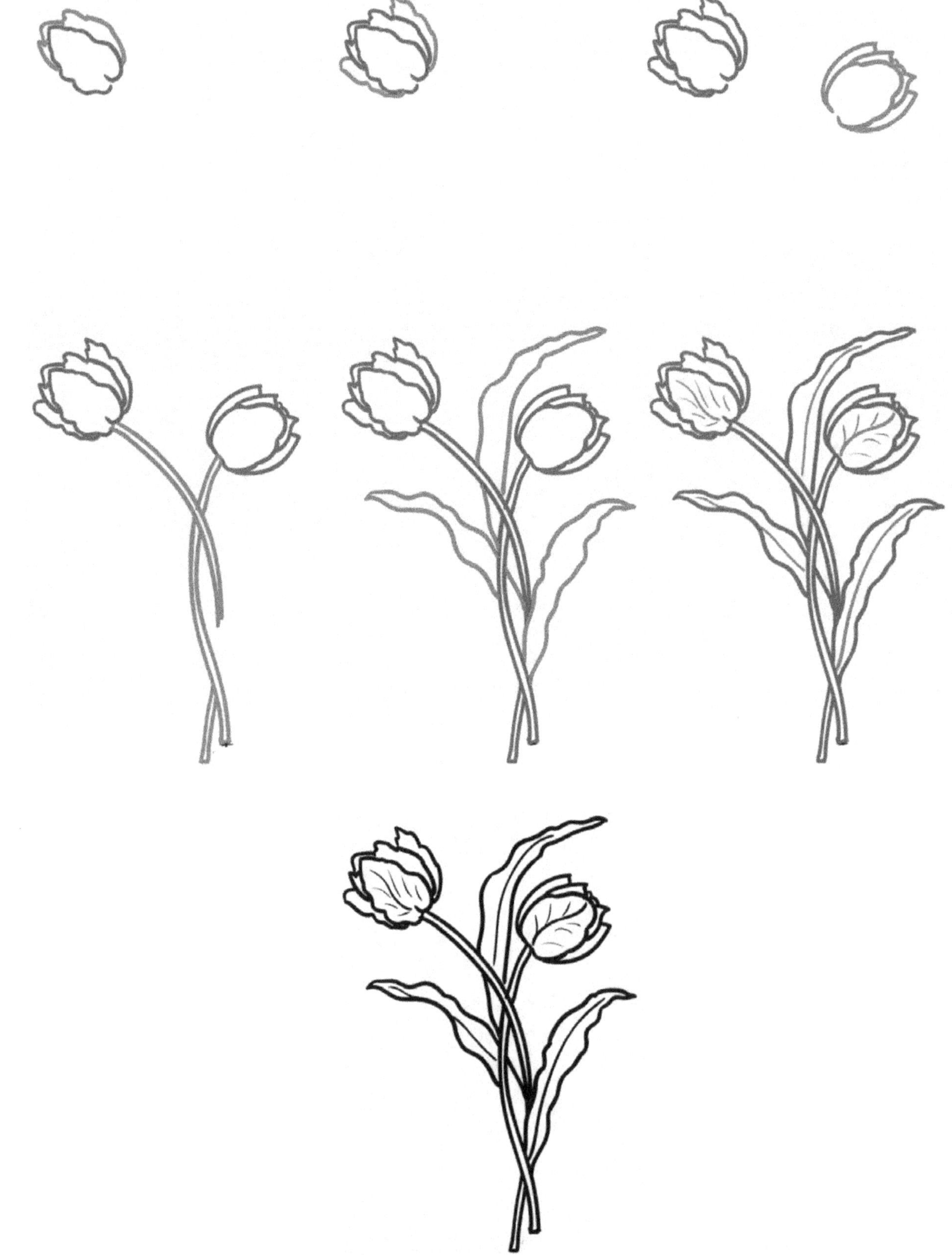

C'est à Votre Tour

C'est à Votre Tour

Apprendre Par Etape

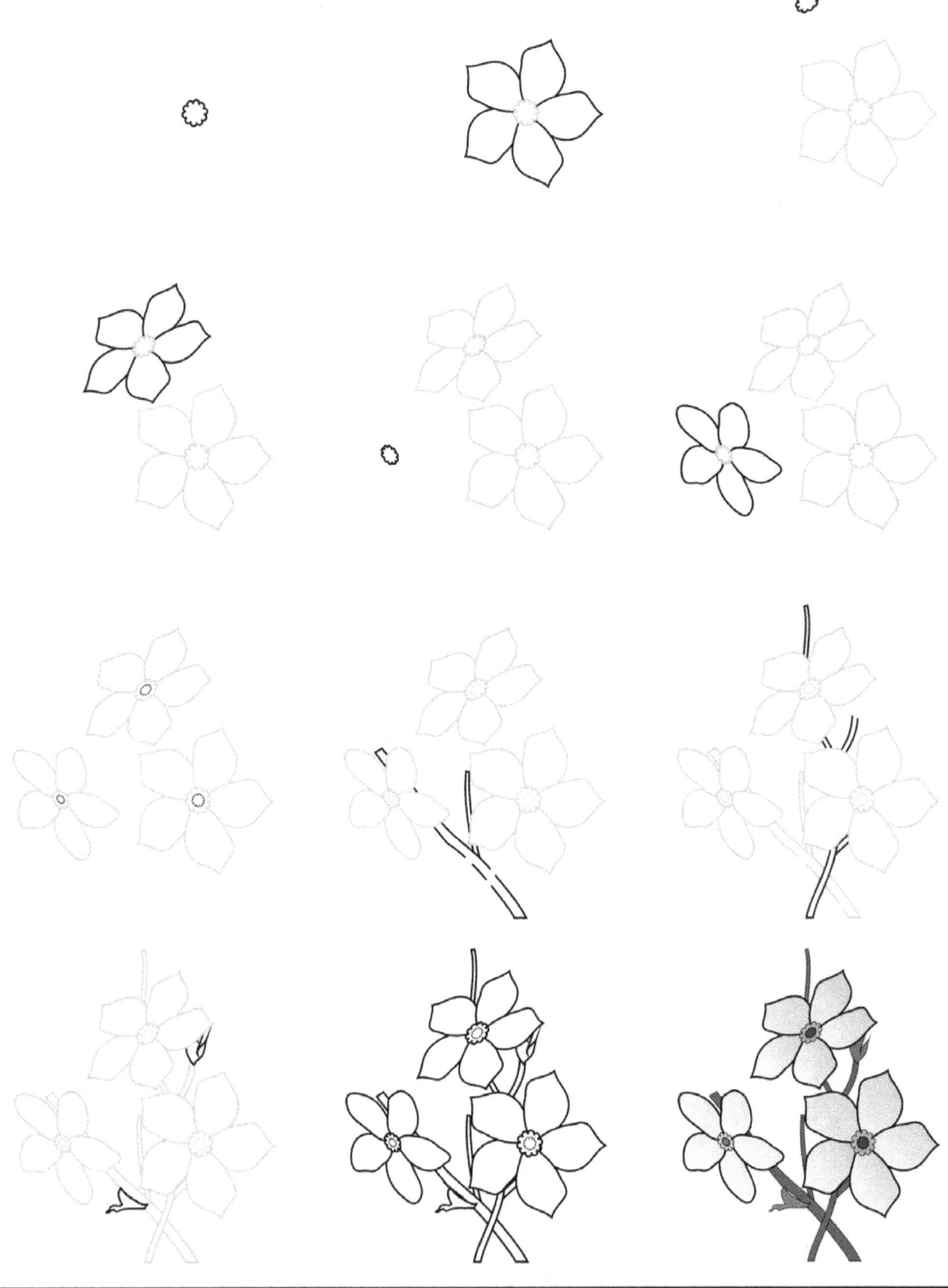

C'est à Votre Tour

C'est à Votre Tour

Apprendre Par Etape

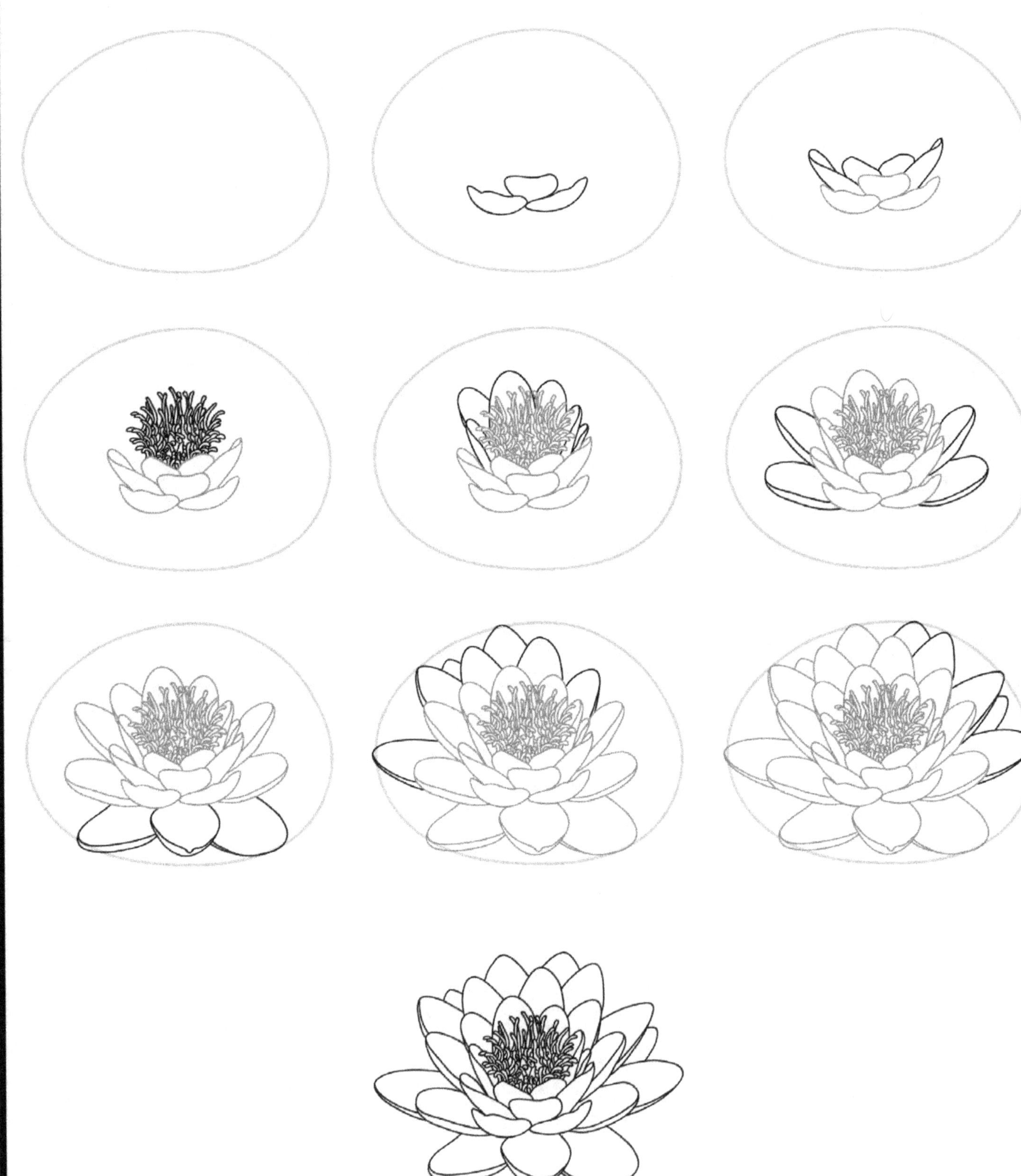

C'est à Votre Tour

C'est à Votre Tour

Apprendre Par Étape

C'est à Votre Tour

C'est à Votre Tour

Apprendre Par Étape

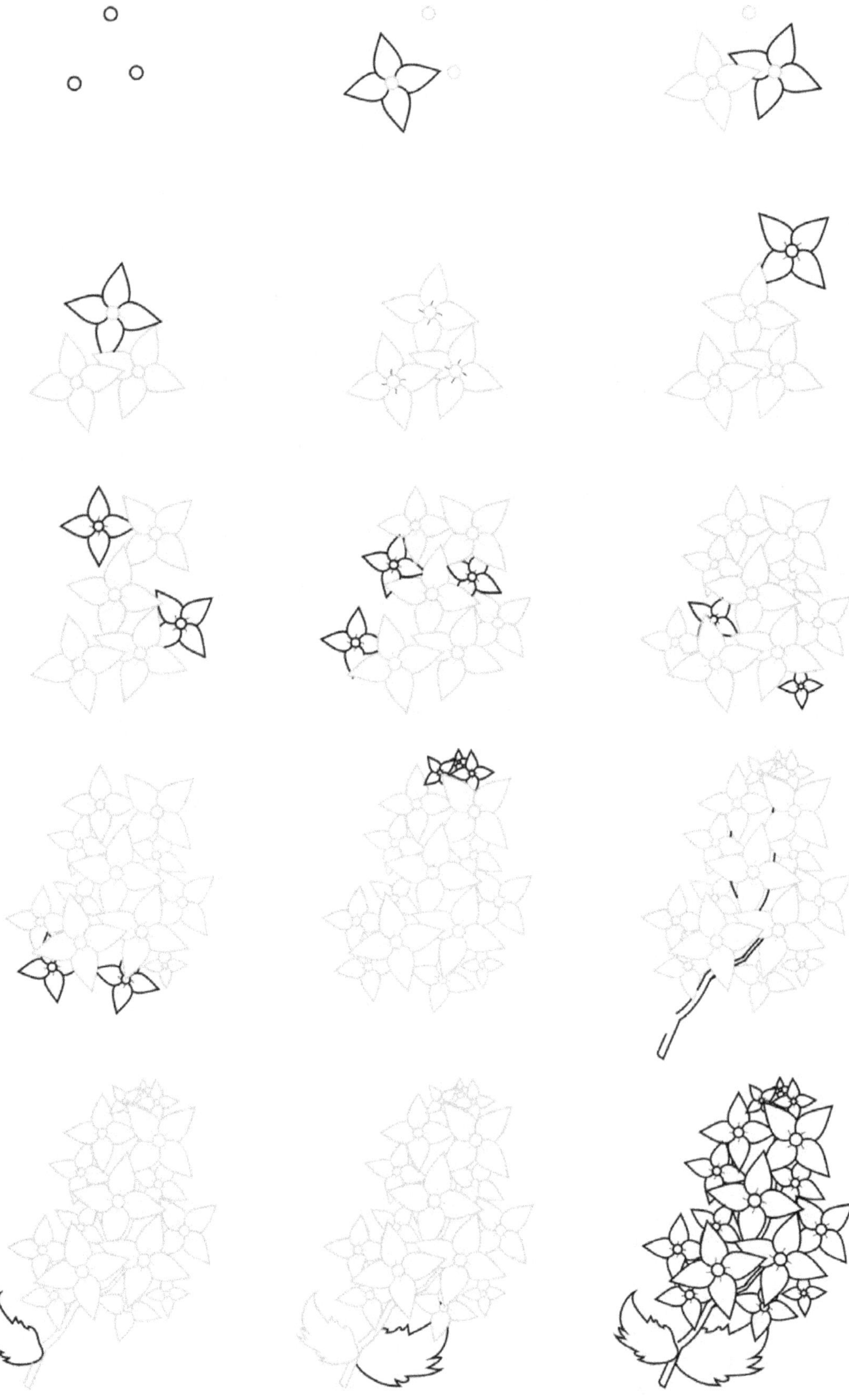

C'est à Votre Tour

C'est à Votre Tour

Apprendre Par Étape

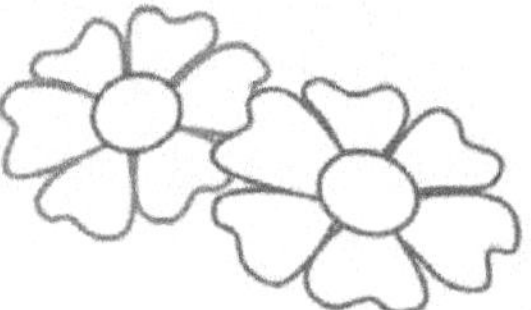
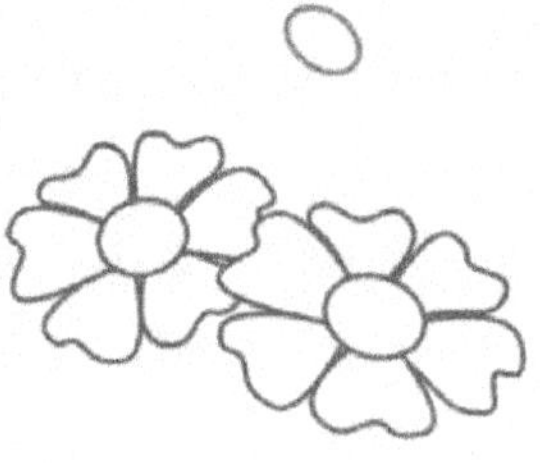
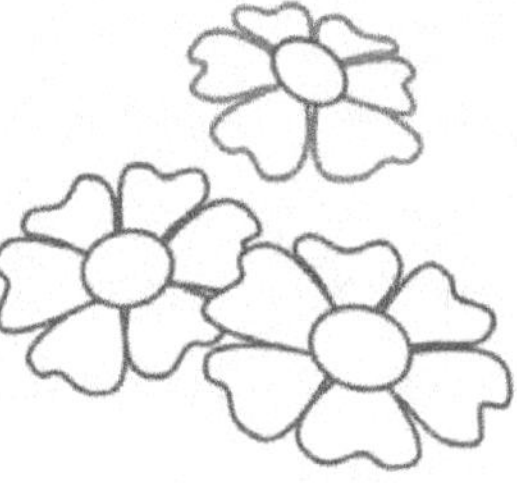
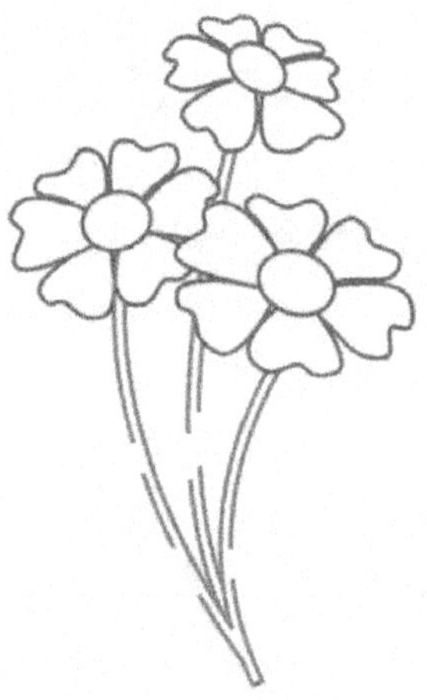
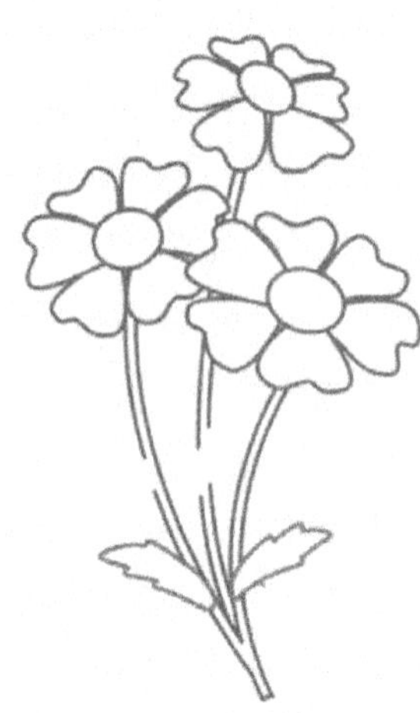
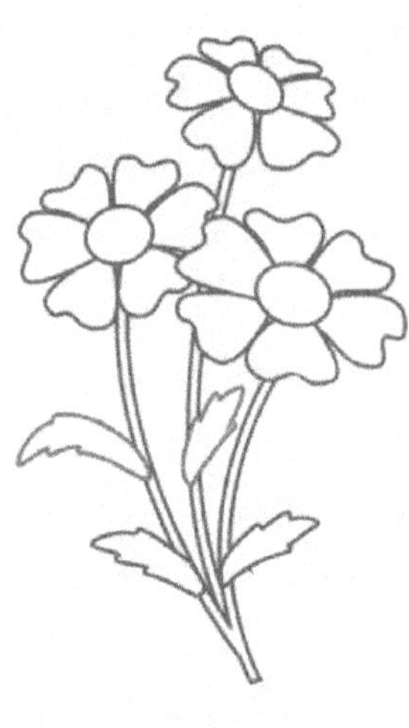
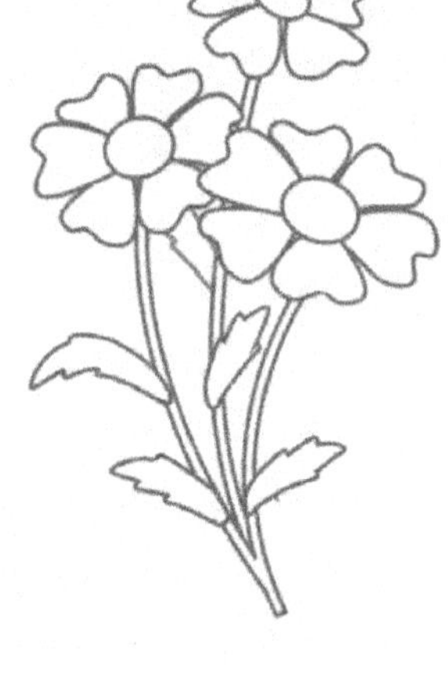
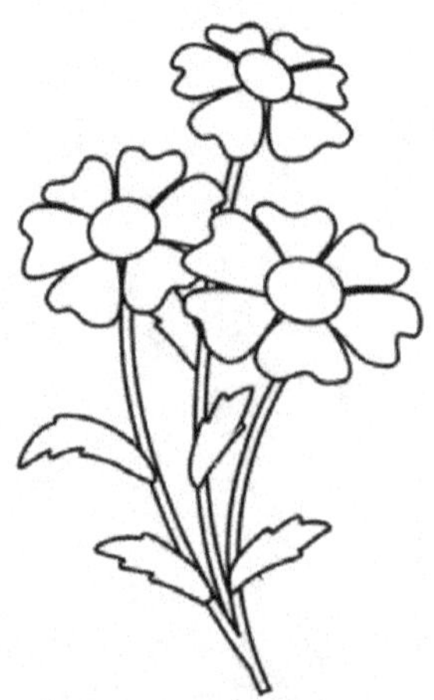

C'est à Votre Tour

Apprendre Par Étape

C'est à Votre Tour

Apprendre Par Etape

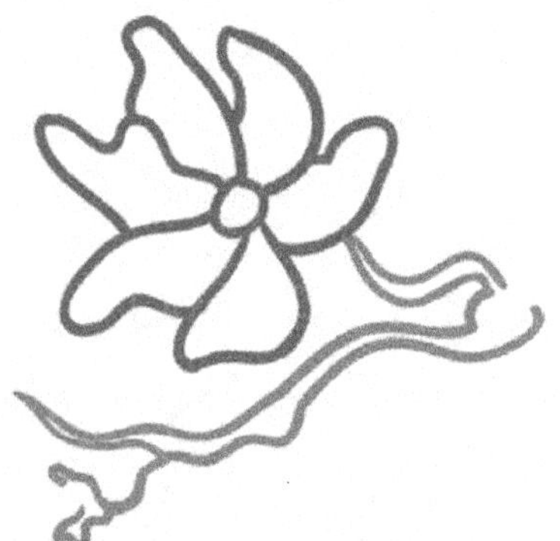

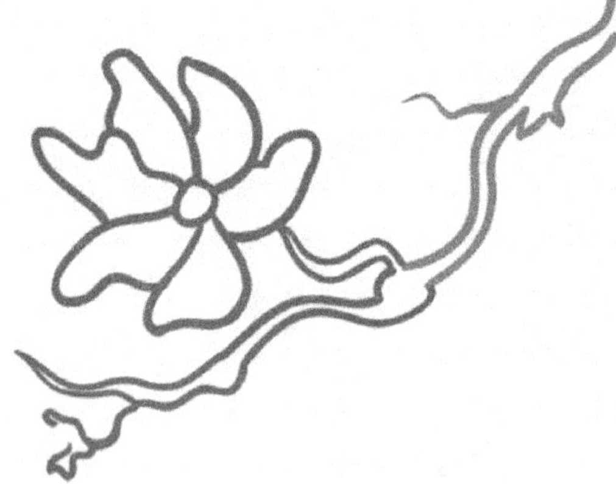

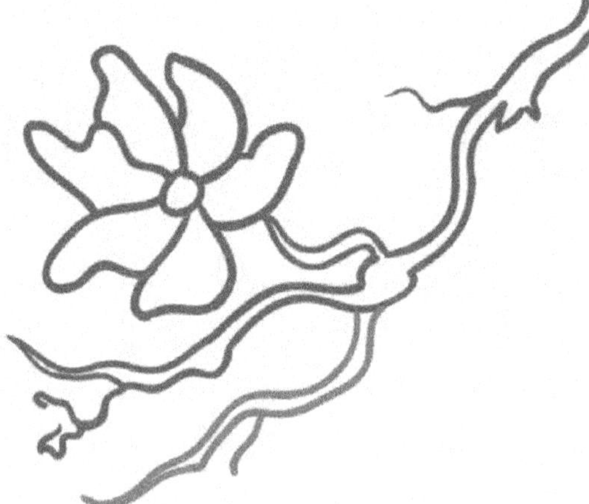

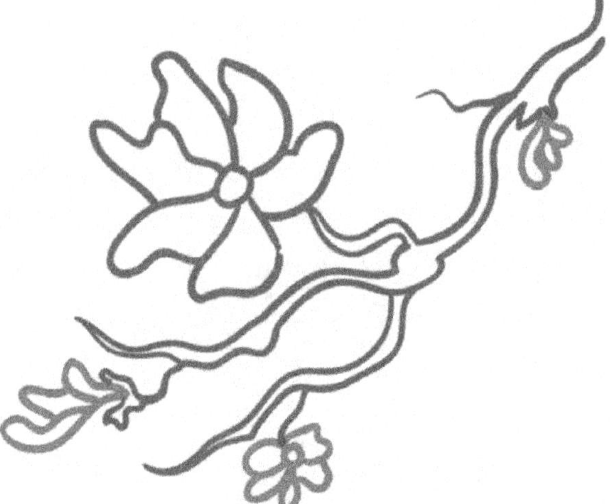

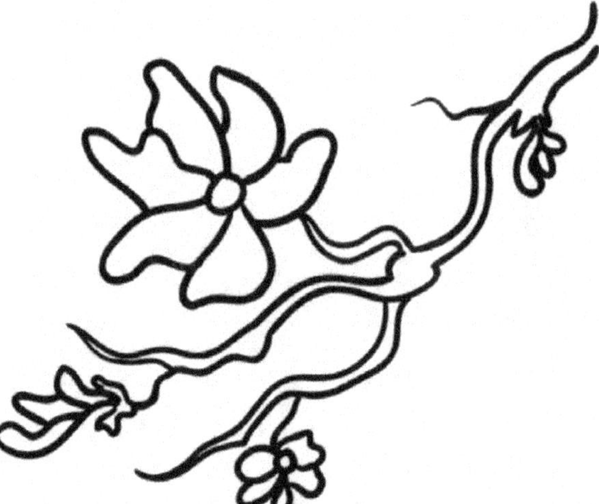

C'est à Votre Tour

Apprendre Par Etape

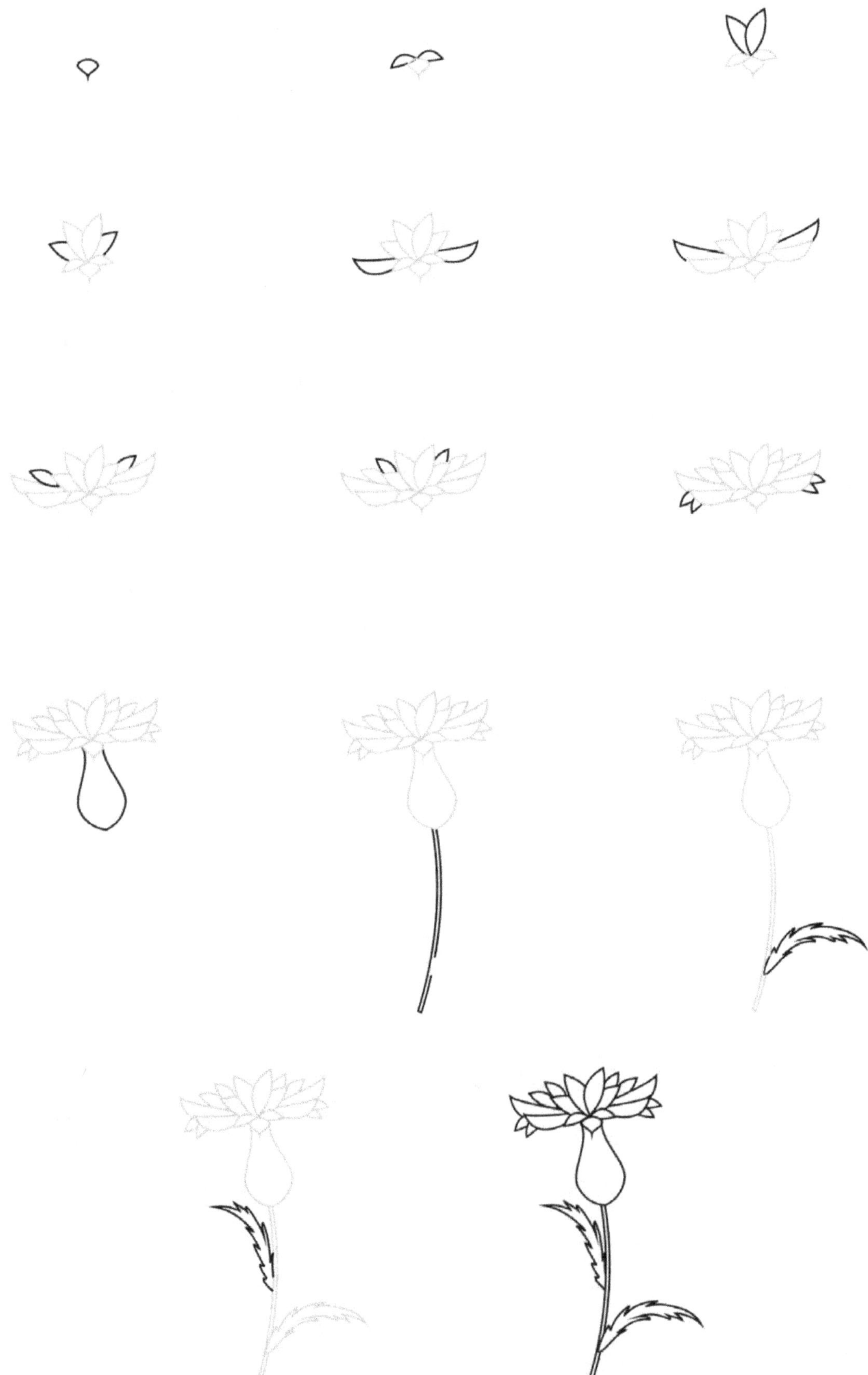

C'est à Votre Tour

Apprendre Par Etape

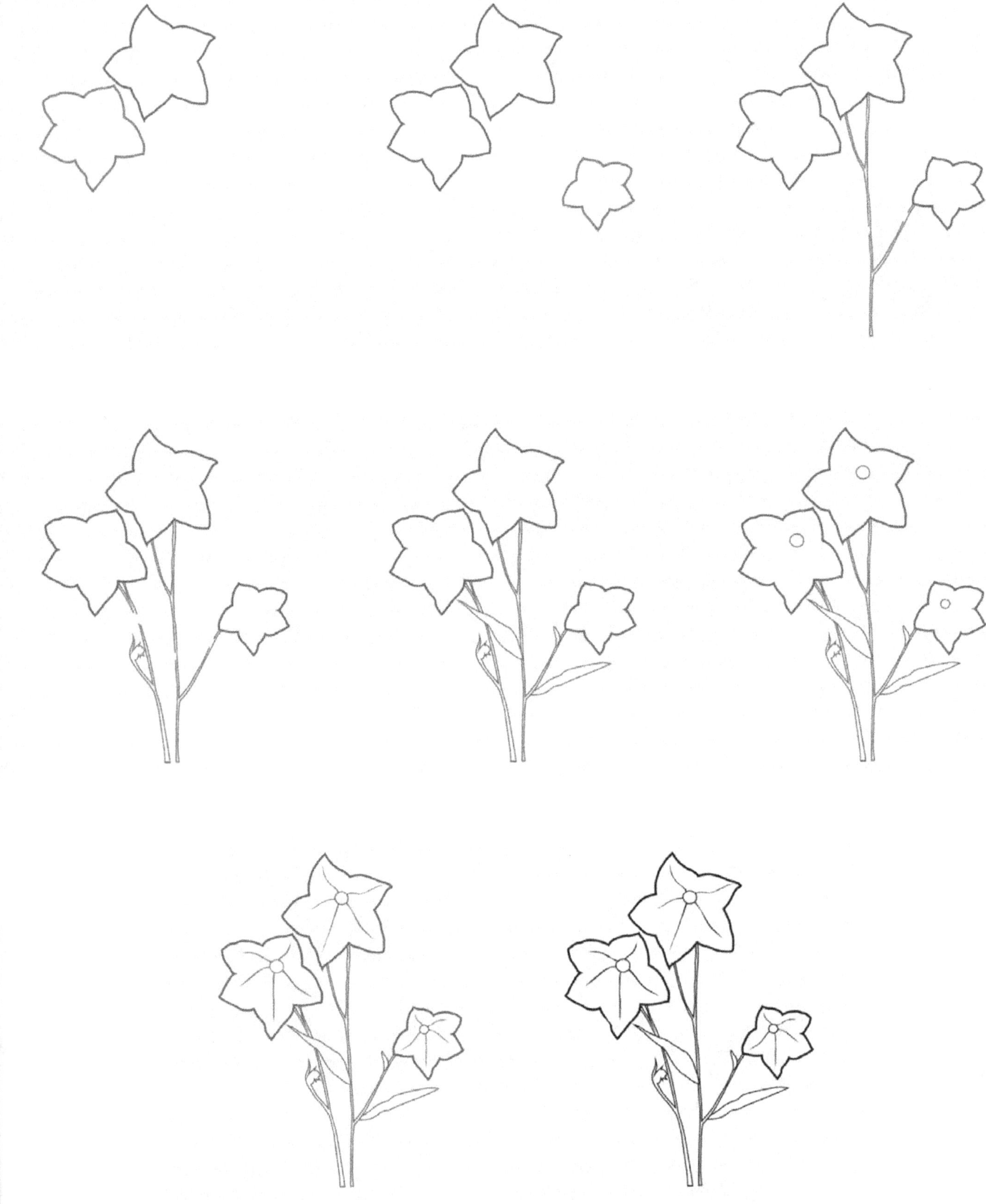

C'est à Votre Tour

C'est à Votre Tour

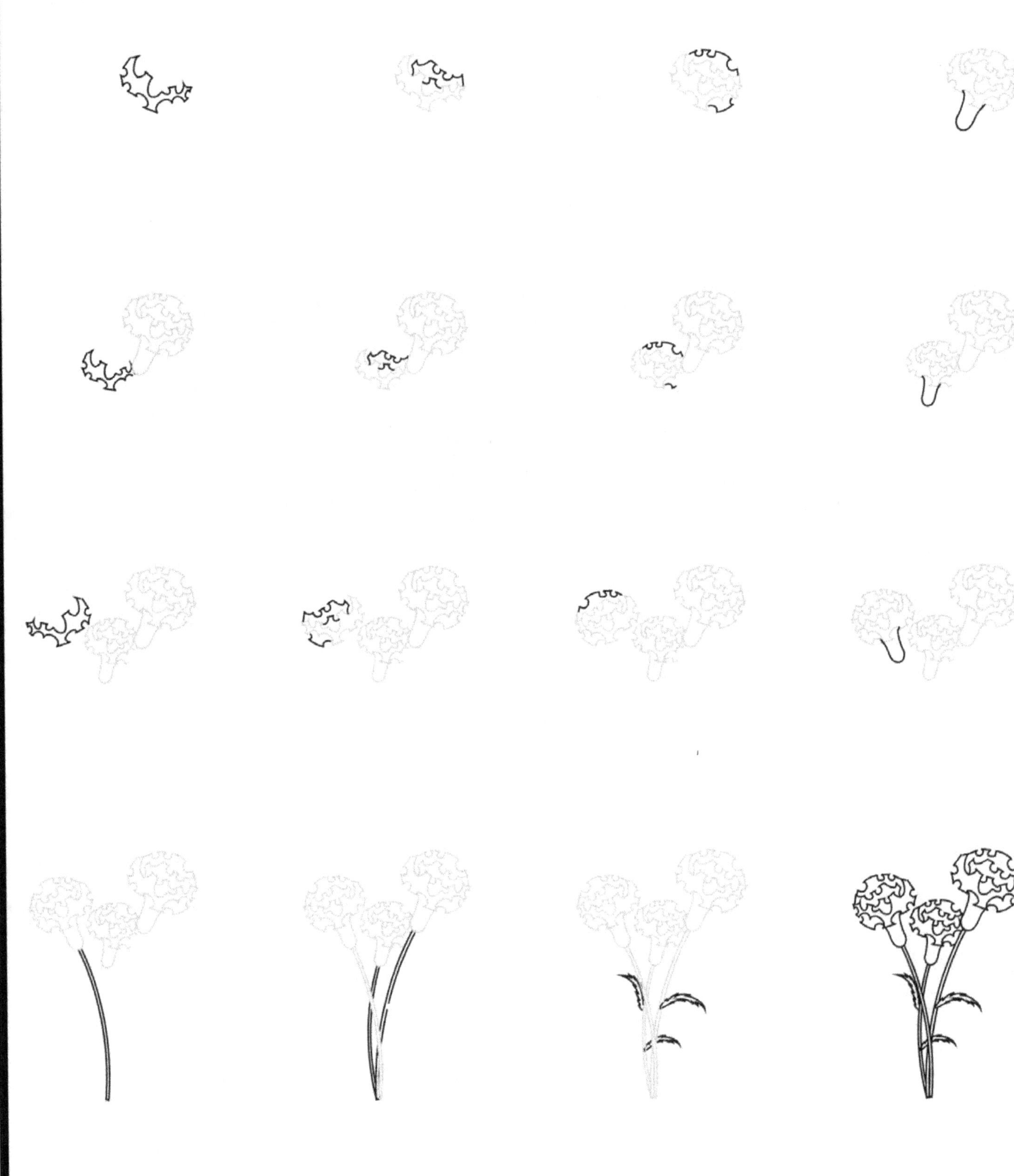

C'est à Votre Tour

Apprendre Par Étape

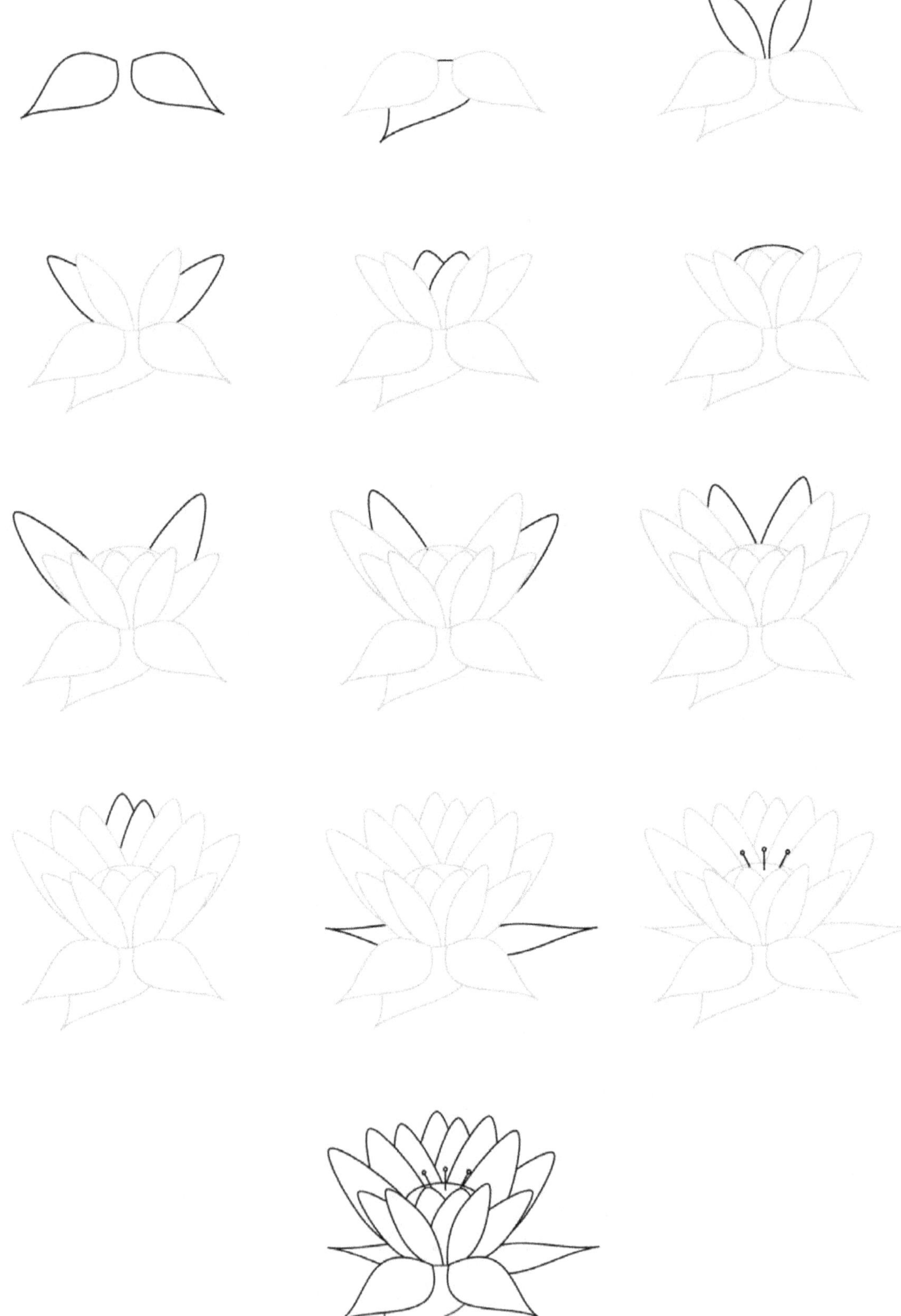

C'est à Votre Tour

C'est à Votre Tour

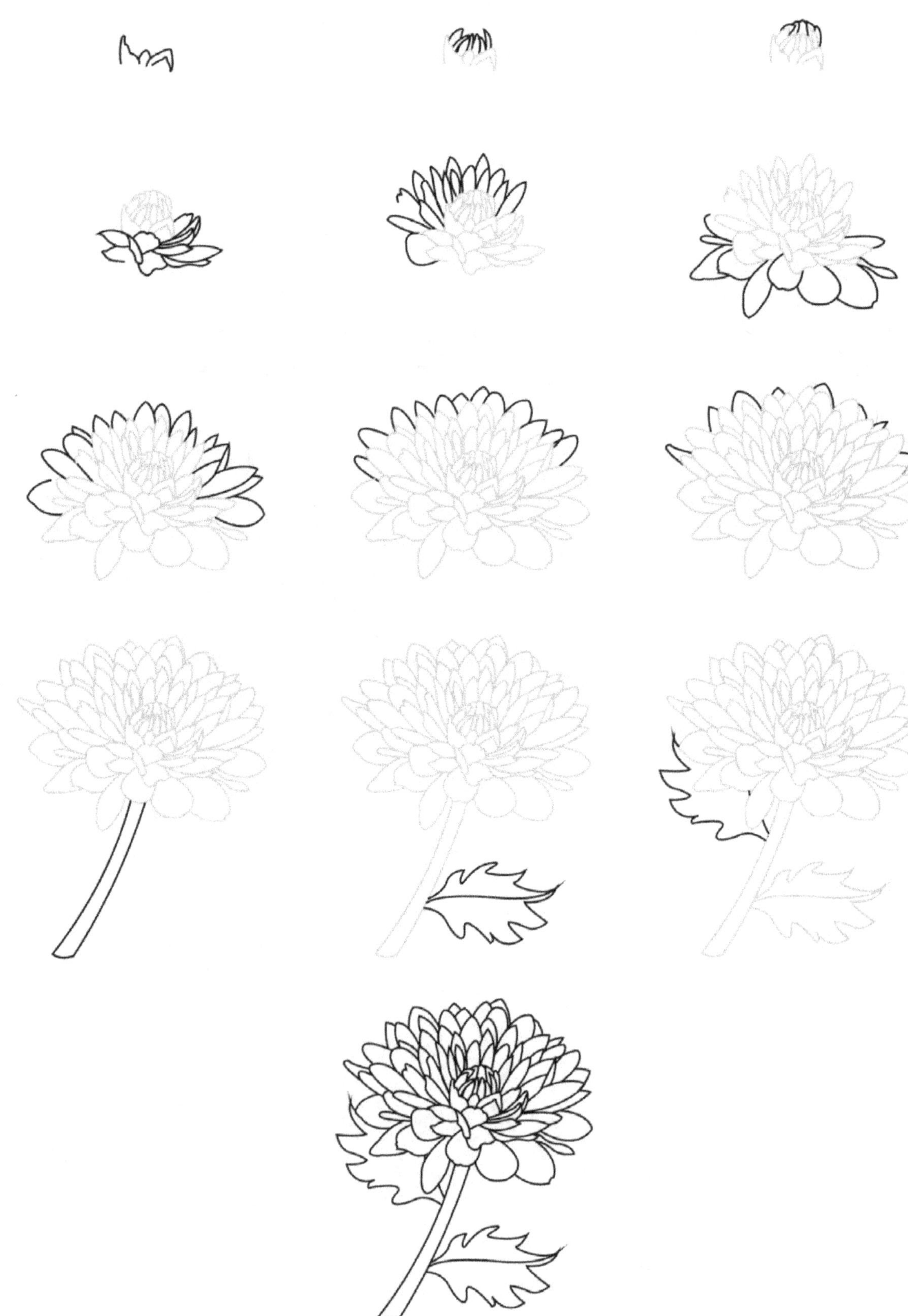

C'est à Votre Tour

C'est à Votre Tour

Apprendre Par Étape

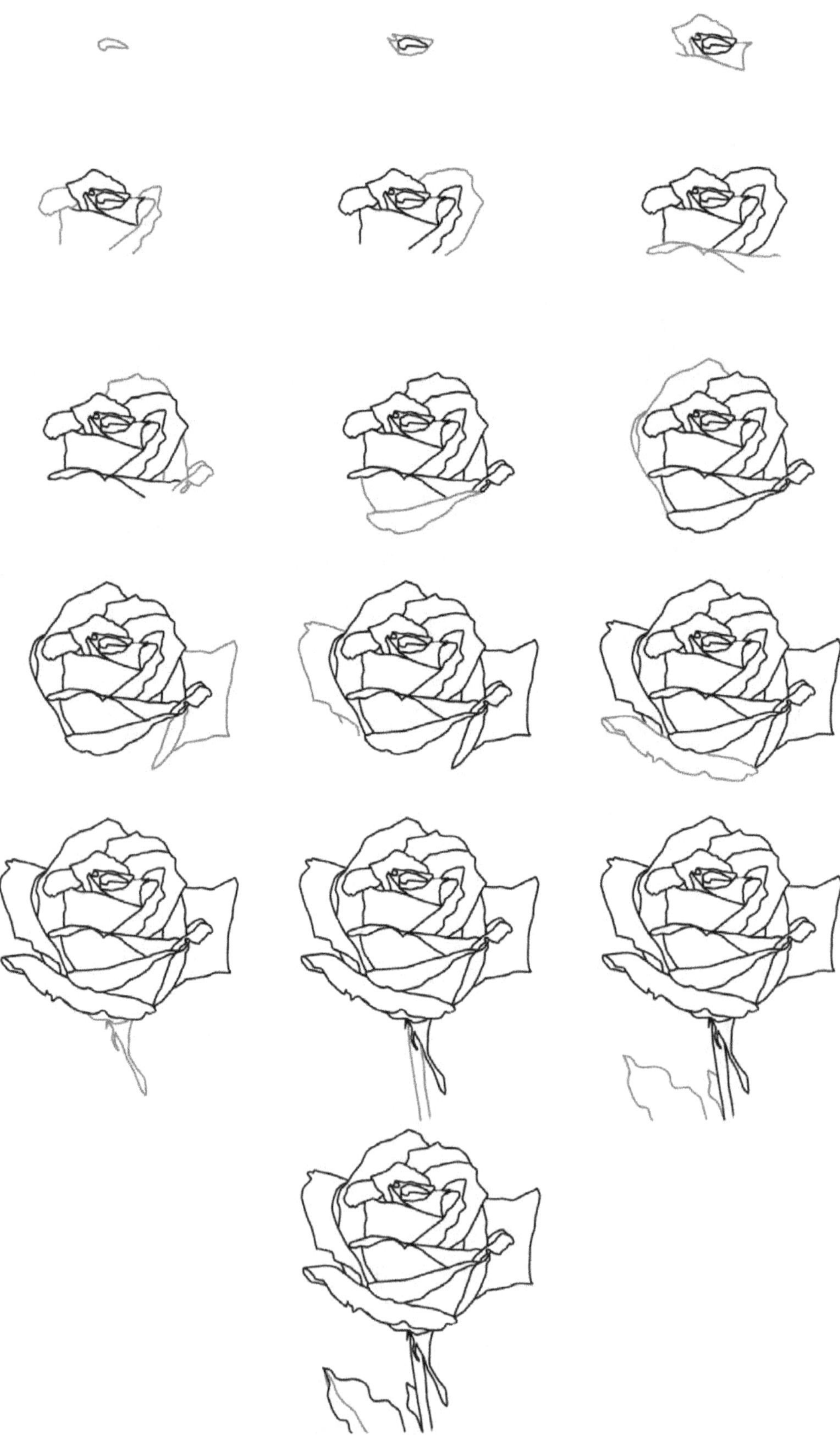

C'est à Votre Tour

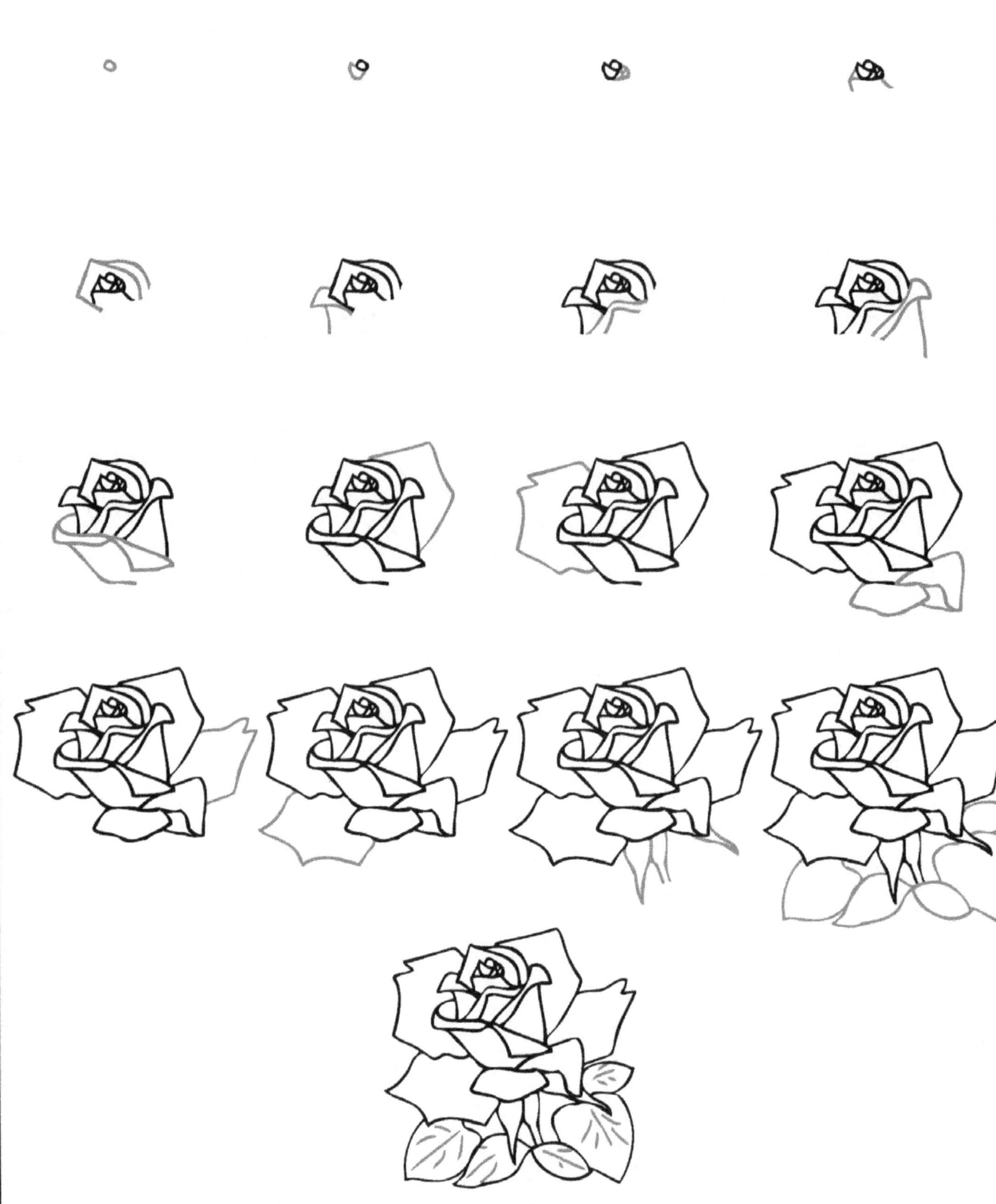

C'est à Votre Tour

Apprendre Par Etape

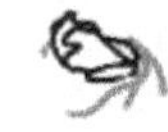
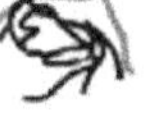
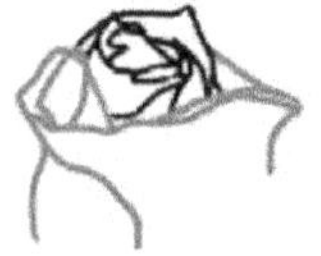
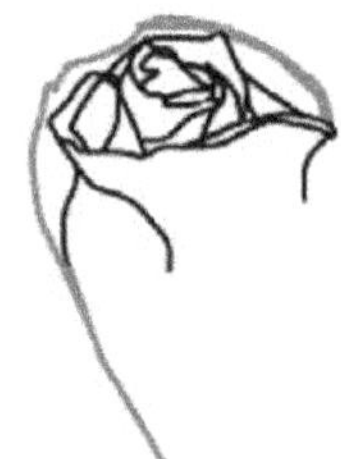
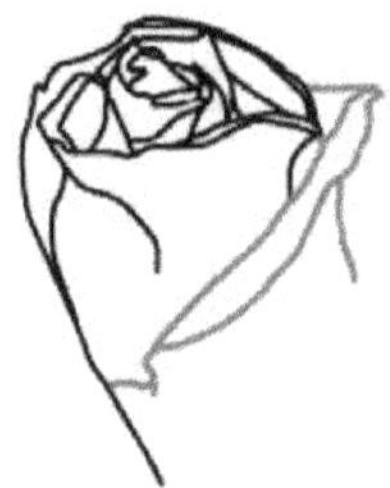
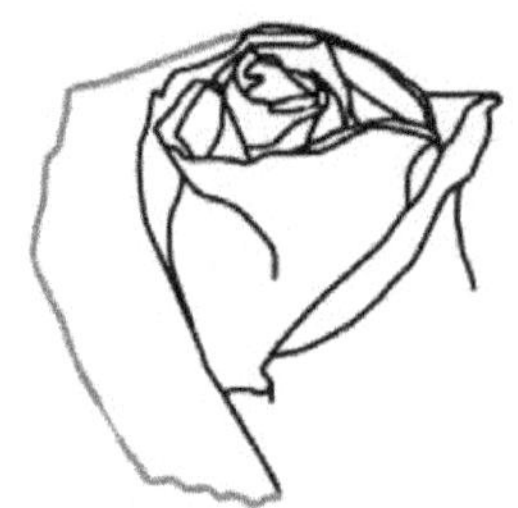
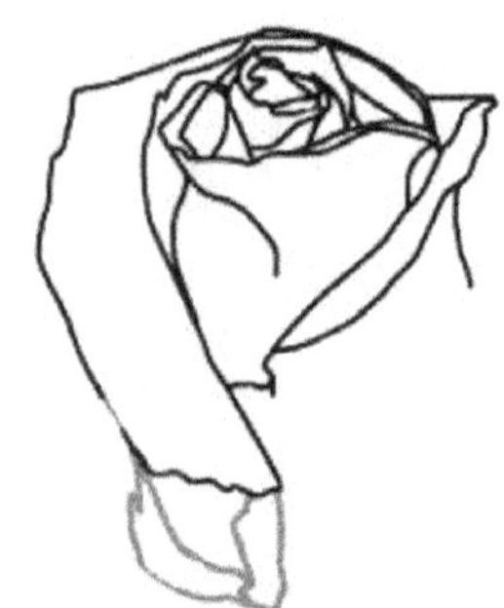
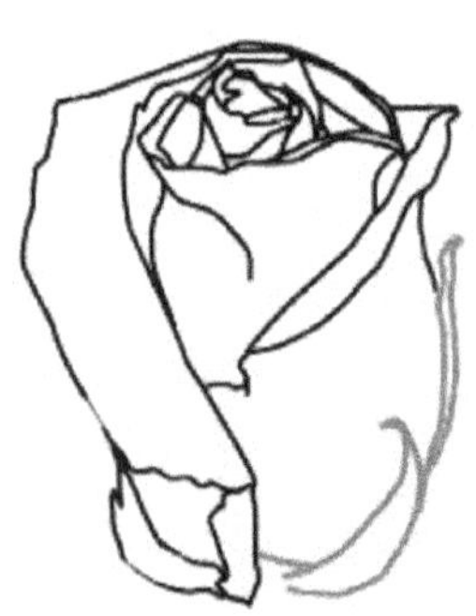
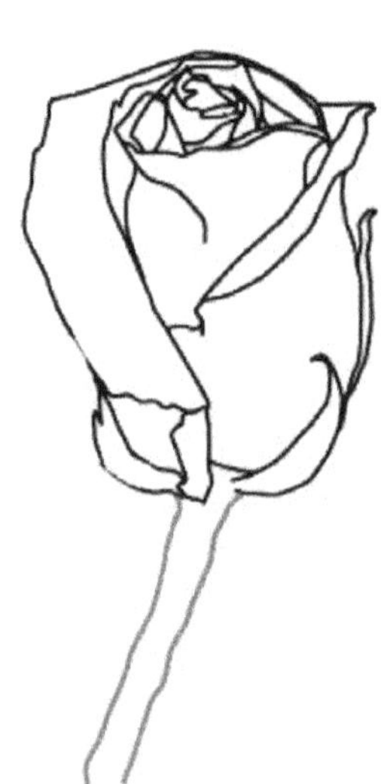
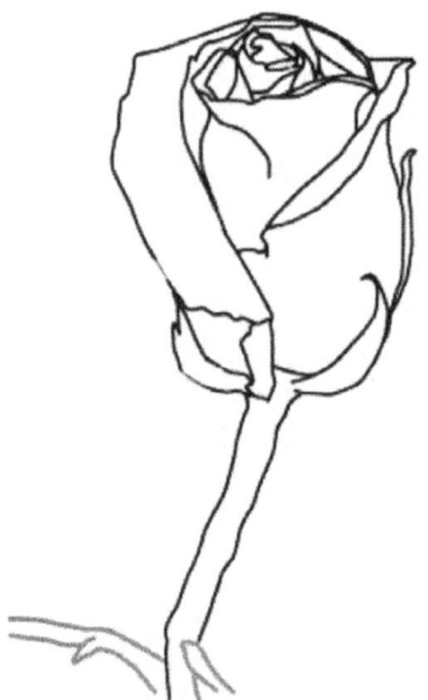

C'est à Votre Tour

Apprendre Par Etape

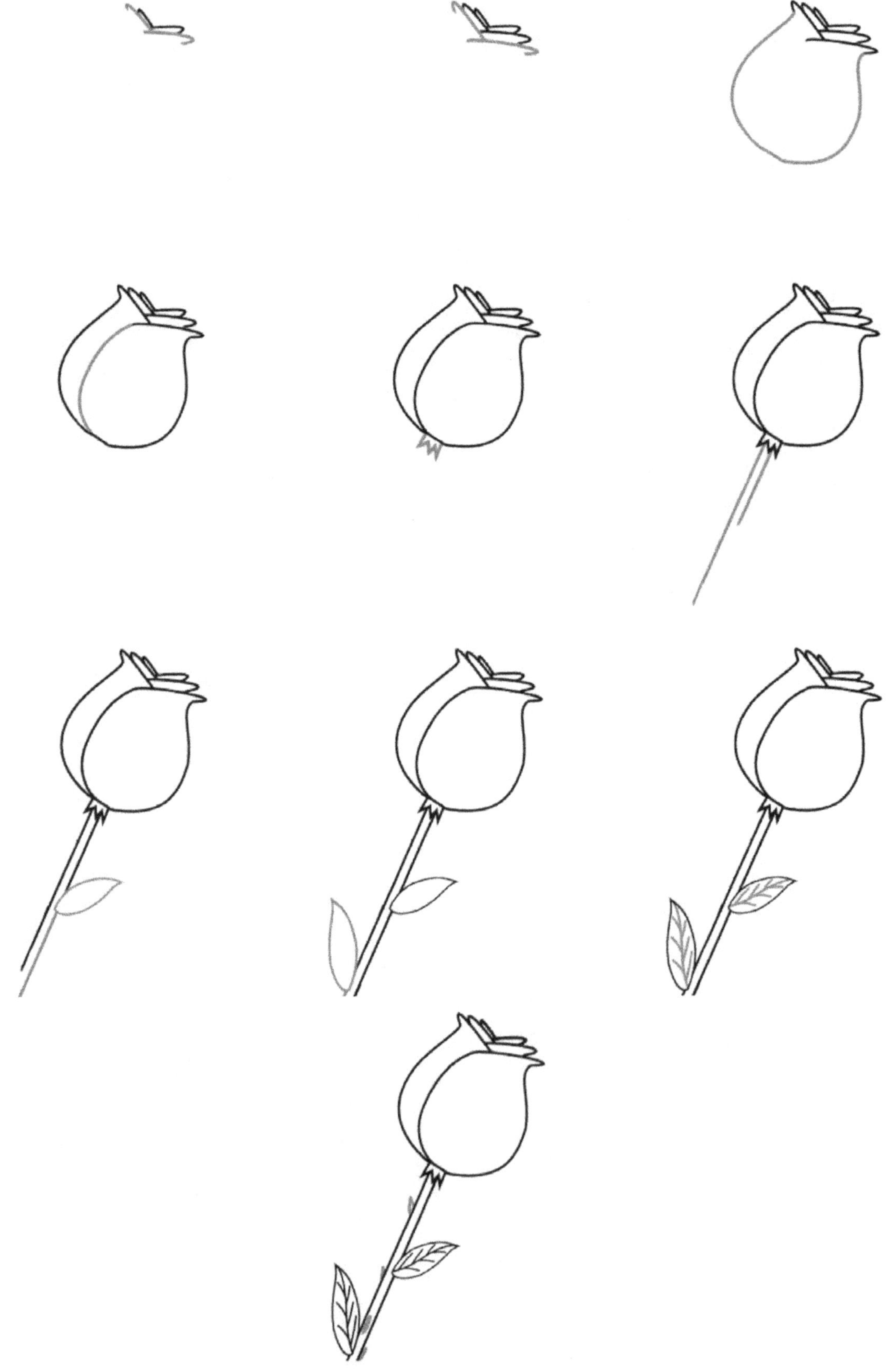

C'est à Votre Tour

C'est à Votre Tour

Apprendre Par Étape

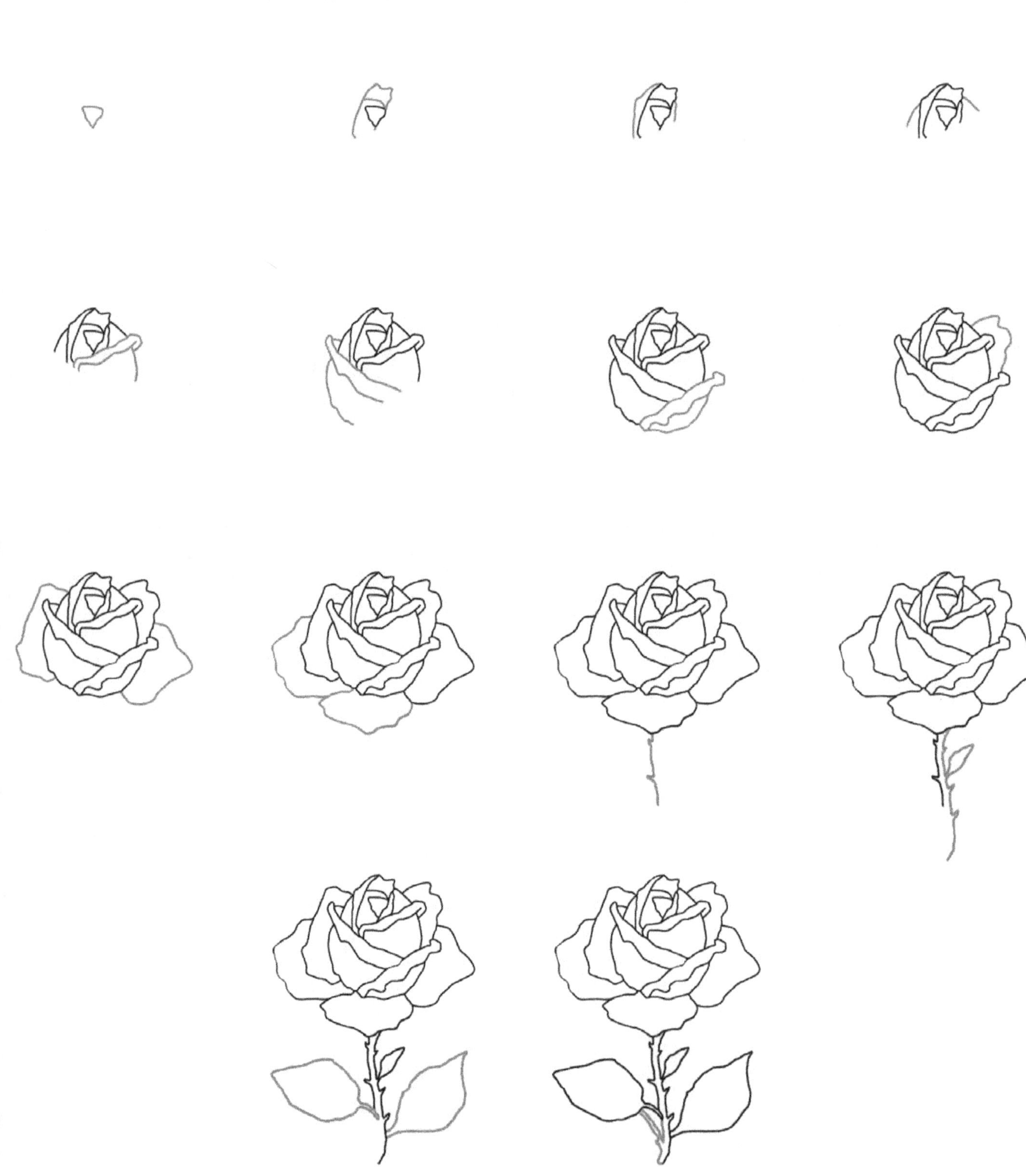

C'est à Votre Tour

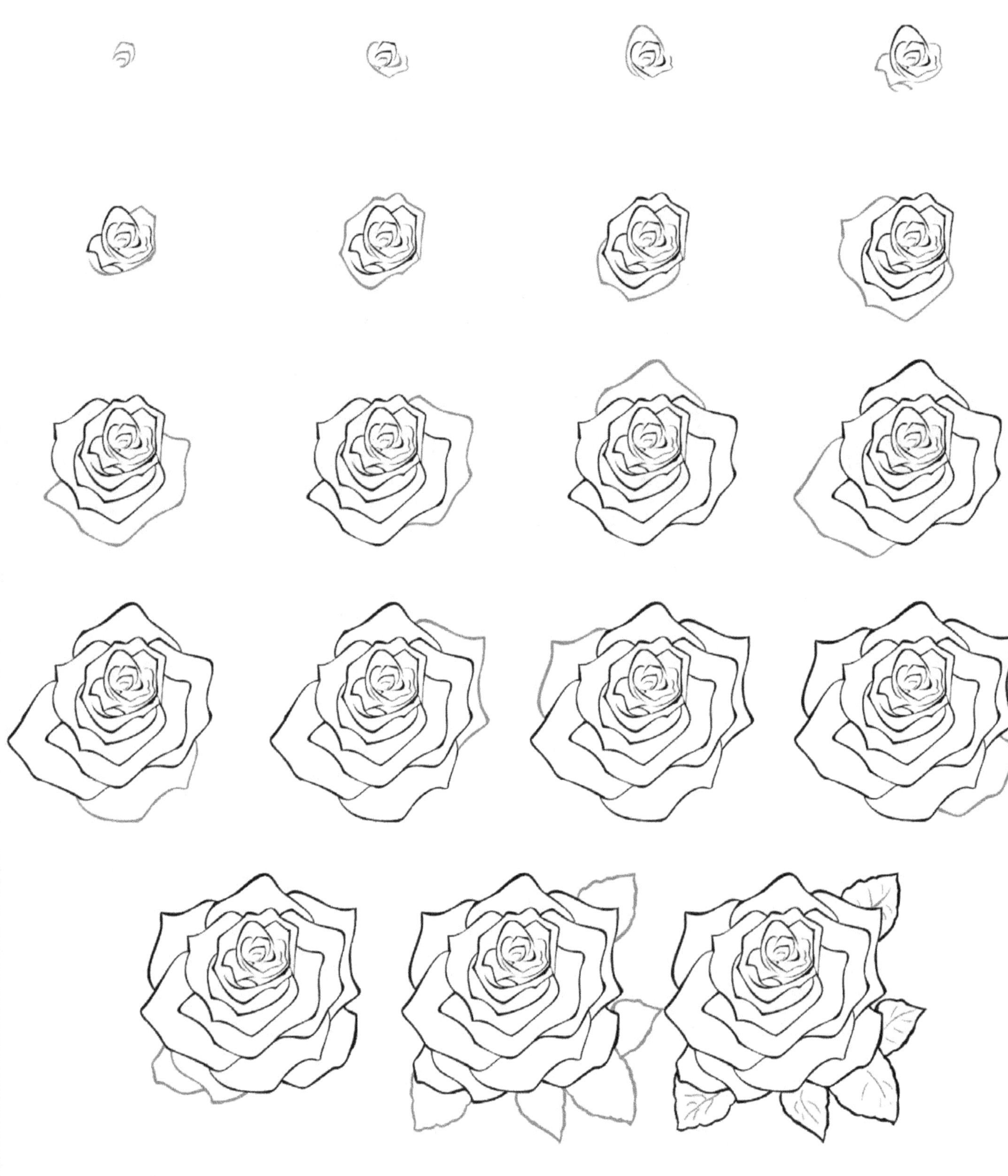

C'est à Votre Tour

Apprendre Par Étape

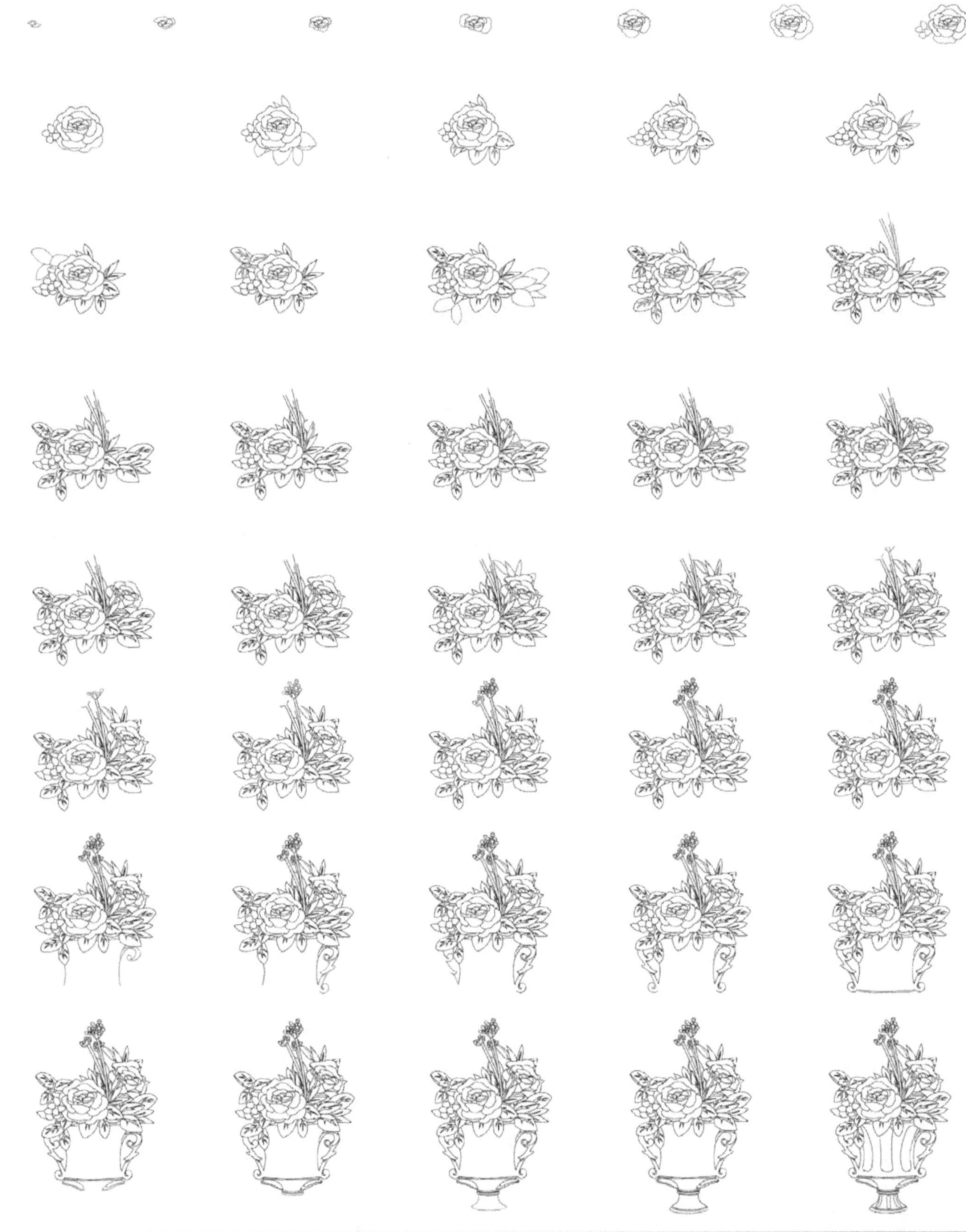

C'est à Votre Tour

Apprendre Par Étape

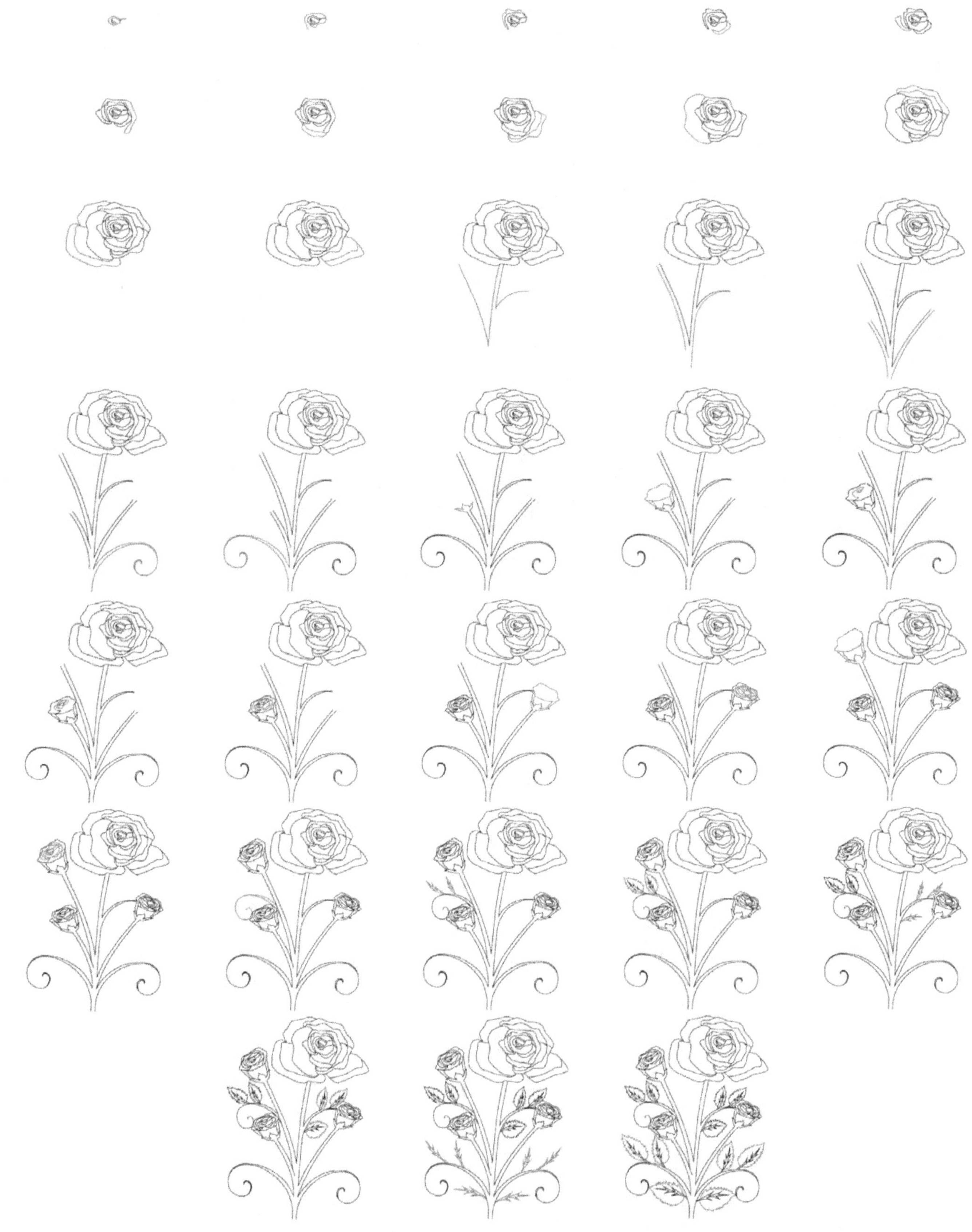

C'est à Votre Tour

Apprendre Par Étape

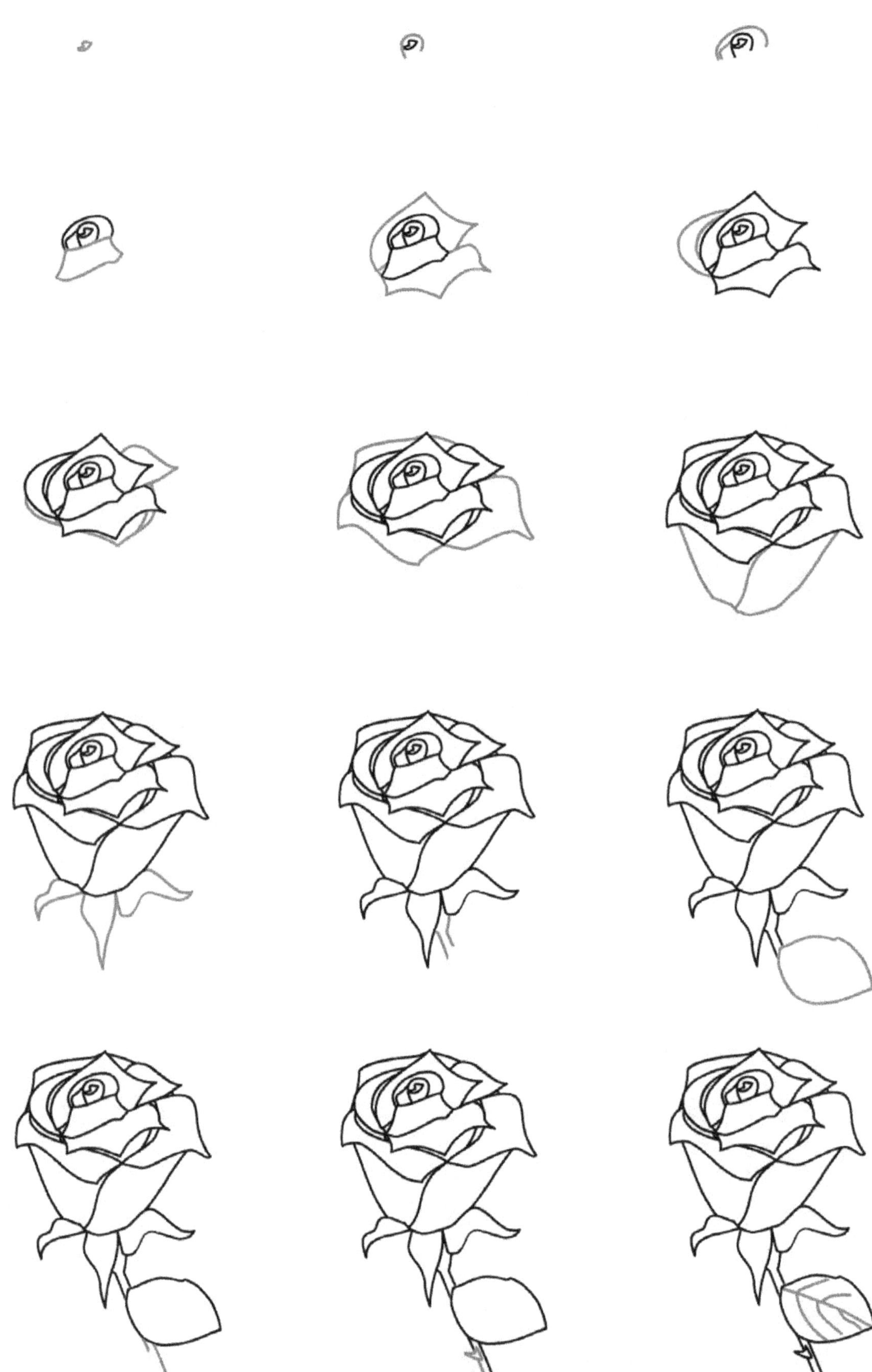

C'est à Votre Tour

Apprendre Par Etape

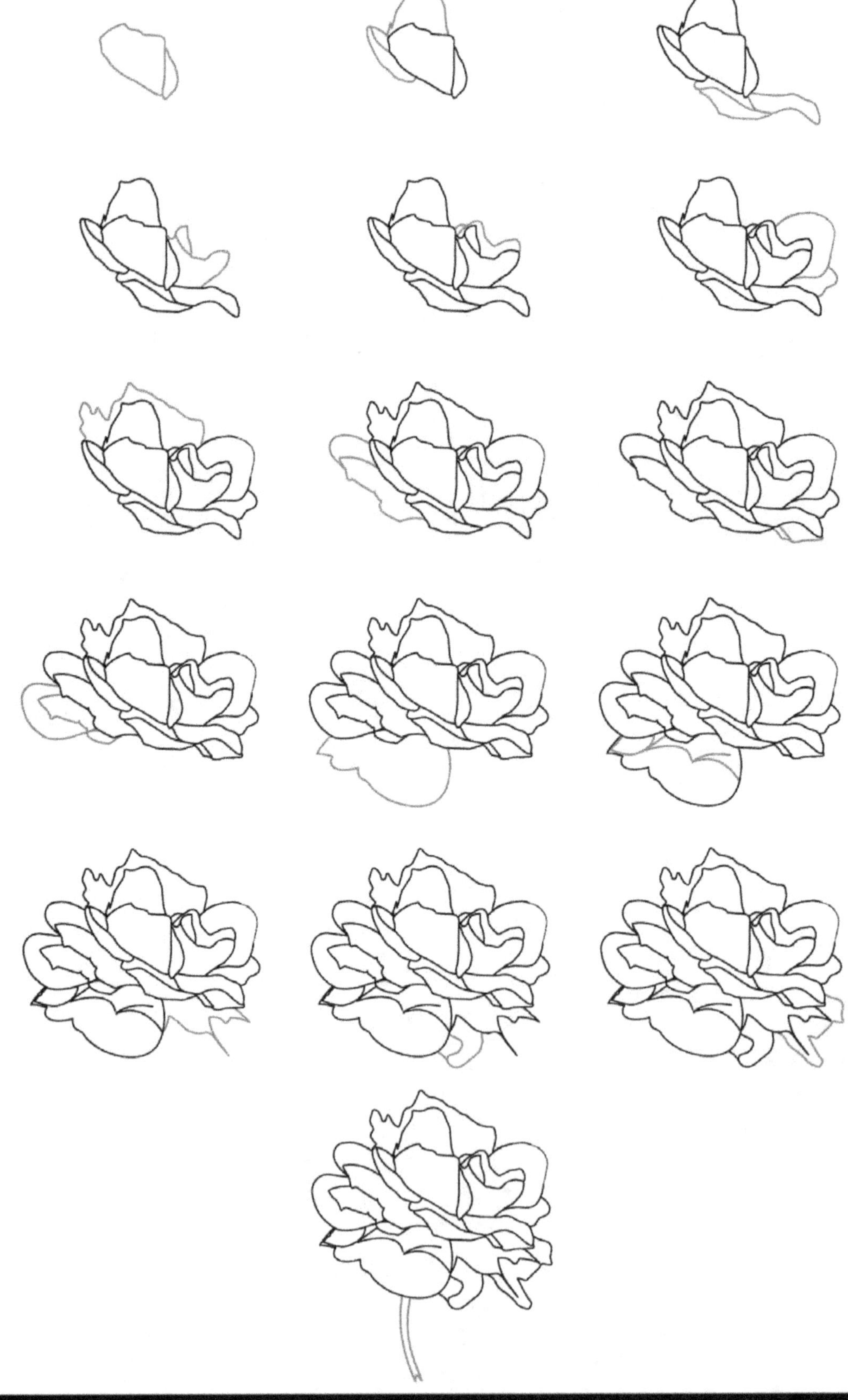

C'est à Votre Tour

C'est à Votre Tour

Apprendre Par Étape

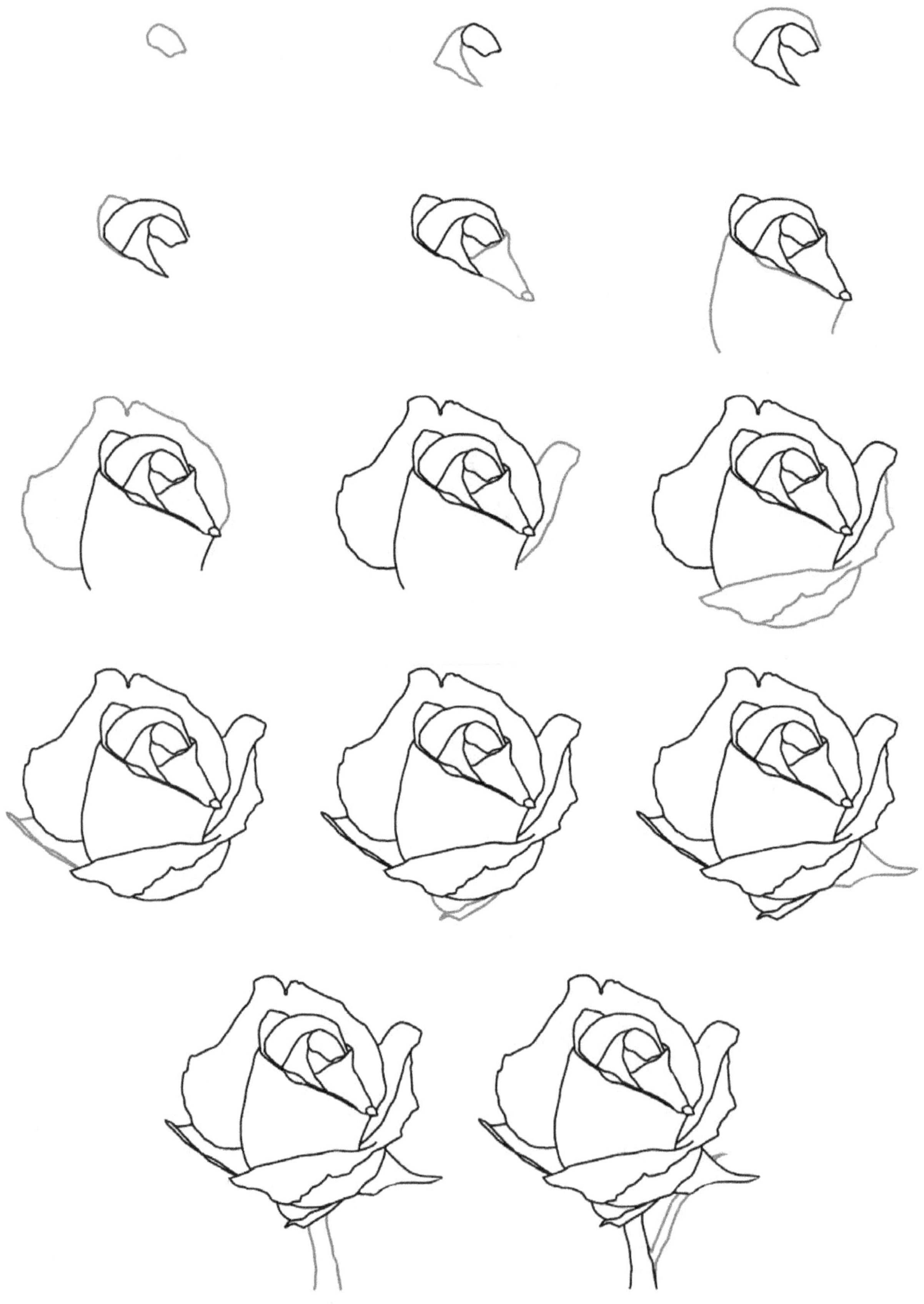

C'est à Votre Tour

Apprendre Par Etape

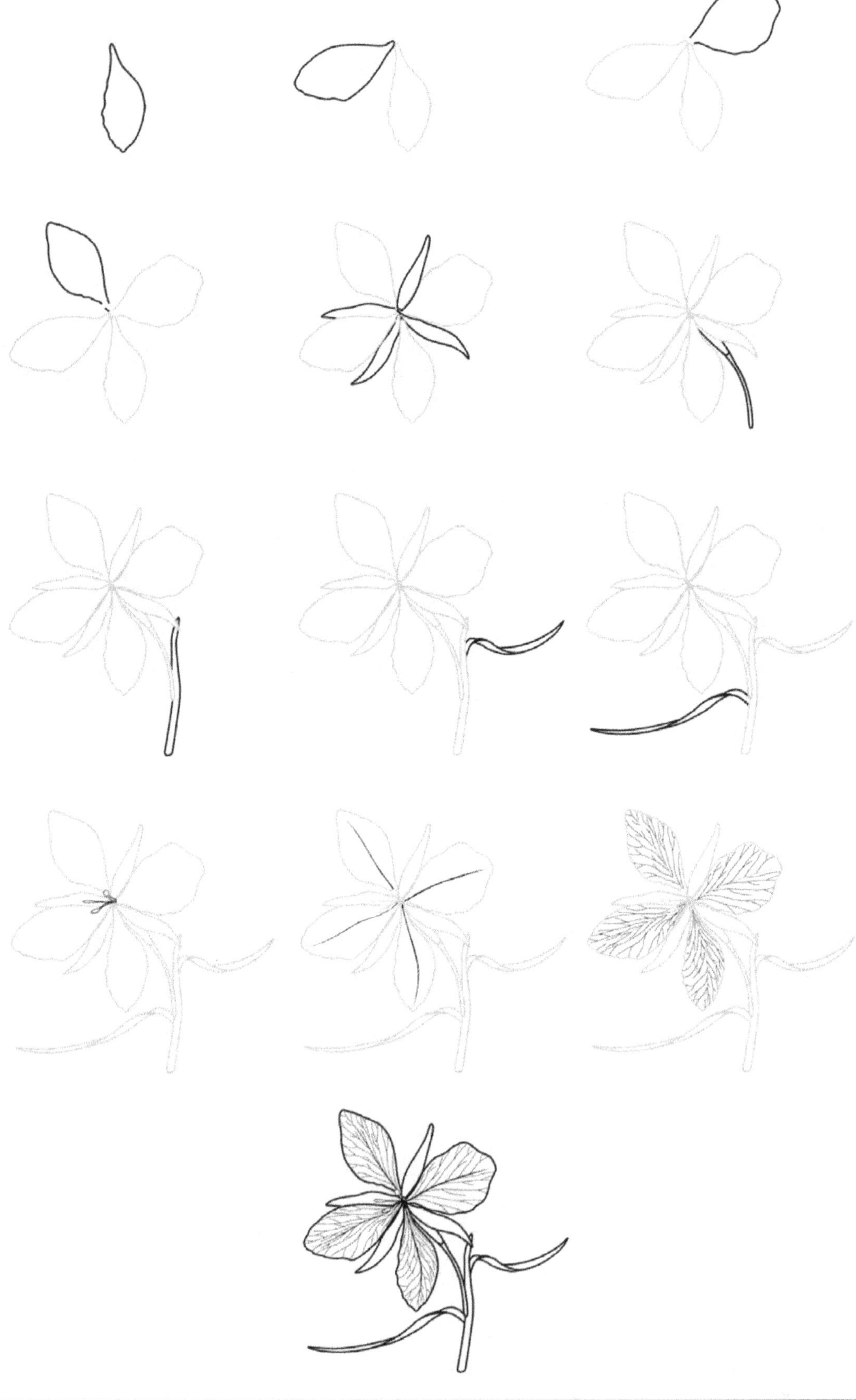

C'est à Votre Tour

C'est à Votre Tour

Apprendre Par Étape

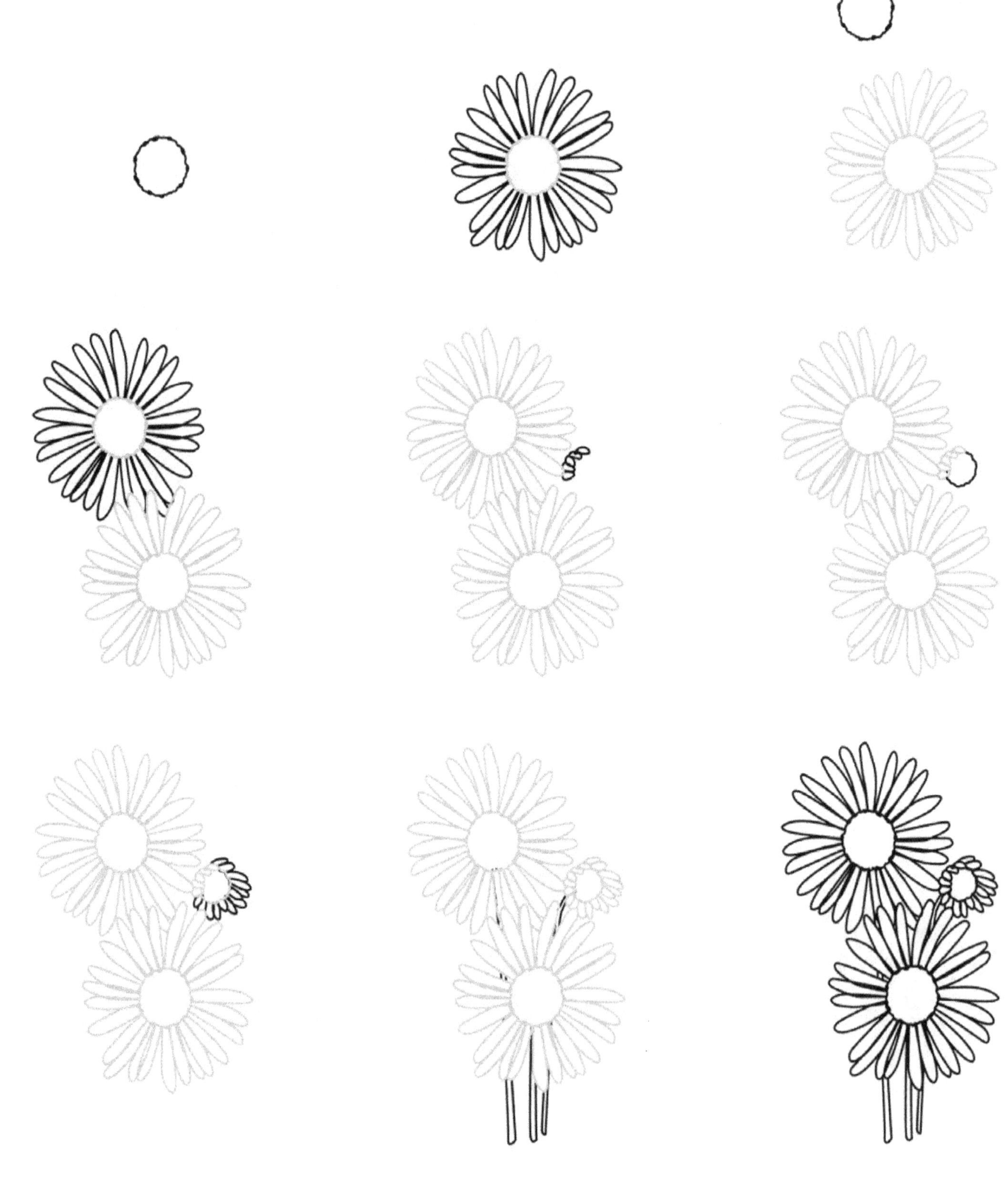

C'est à Votre Tour

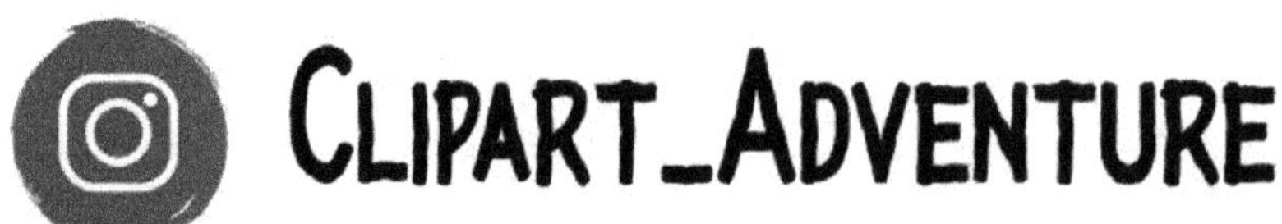

CLIPART_ADVENTURE